数字技术引领下的乡村治理现代化与农民可持续发展研究

刘　芳◎著

中国商业出版社

图书在版编目（CIP）数据

数字技术引领下的乡村治理现代化与农民可持续发展研究 / 刘芳著. -- 北京 : 中国商业出版社, 2025. 5.

ISBN 978-7-5208-3402-5

Ⅰ. D638-39; D422.8-39

中国国家版本馆CIP数据核字第2025UR3079号

责任编辑：滕　耘

中国商业出版社出版发行

（www.zgsycb.com　100053　北京广安门内报国寺 1 号）

总编室：010-63180647　编辑室：010-83118925

发行部：010-83120835/8286

新华书店经销

优彩嘉艺（北京）数字科技有限公司印刷

*

710 毫米 ×1000 毫米　16 开　12.25 印张　210 千字

2026 年 1 月第 1 版　2026 年 1 月第 1 次印刷

定价：60.00 元

****

前言

乡村振兴战略是中国经济社会发展的一项长期性、系统性战略，旨在推进乡村的全面发展，解决城乡发展不均衡的问题，实现全体人民共同富裕。乡村作为国家经济社会发展的基础单元，其发展水平直接关系社会的稳定与繁荣。而随着时代的变迁，特别是数字技术的飞速发展，乡村治理和农民可持续发展面临着前所未有的机遇与挑战。

在过去的几十年里，乡村的面貌发生了显著变化，乡村的基础设施逐步改善，农民的收入水平逐年增长，乡村社会结构和经济模式也在不断调整和优化。然而，传统的乡村治理模式与经济发展方式已逐渐暴露出诸多问题，如何在新时代的背景下实现乡村治理和农民可持续发展的有机结合，成为学术界和政策制定者亟待解决的重要课题。数字技术，尤其是大数据、人工智能、云计算、物联网等技术的应用，为乡村治理和农民可持续发展带来了全新的视角与解决方案。

本书的研究目标就是在数字技术引领下，探索如何实现乡村治理现代化，并推动农民可持续发展的核心路径。首先，本书从乡村治理的主体、原则与目标、要求与关键、理念与保障入手，概述乡村治理的基本内容与要求。其次，围绕乡村治理现代化的理论与目标，深入分析制度建设和数字化乡村治理的路径与策略，探讨数字技术在优化乡村公共服务、强化数据管理与平台建设、构建智慧

治理与安全防控体系、推动村务管理的信息公开与村民参与，以及农业资源与环境监控、乡村文化和社区活动、乡村金融治理、乡村基层干部能力提升及乡村法治建设中的多元应用。最后，本书将农民主体置于可持续发展的核心位置，剖析农民可持续发展的基本内涵、历史演进与时代背景、影响因素等内容，探讨农民主体能力的系统构建、多元化生计路径的构建以及农民在乡村治理中的有效参与。整体来看，本书紧密契合数字时代的时代背景与乡村振兴的战略需求，试图构建一套基于数字技术、治理现代化与农民可持续发展之间相互融合、相互促进的理论体系与实践方案，为推动乡村治理与农民发展的协同创新提供学术支撑与实践参考。

本书在编写过程中，收集、查阅和整理了大量文献资料，在此对学术界前辈、同人和所有为此书编写工作提供帮助的人员致以衷心的感谢。由于篇幅有限，本书的研究可能存在错漏与不足，恳请各位专家、学者及广大读者提出宝贵意见和建议。

目录

第一章　乡村治理概述

第一节　乡村治理的主体

一、基层党组织

基层党组织是中国乡村治理体系中的核心主体，承担着引领方向、整合资源、协调关系与推动发展的重要职能。在全面推进乡村振兴、全面建成社会主义现代化强国的战略背景下，其角色与功能不断拓展、深化。依据中共中央、国务院关于加强新时代乡村治理的政策精神以及相关理论研究与实践经验，基层党组织已成为乡村社会治理中最具权威性、组织力与凝聚力的全局性领导力量。

（一）制度性定位与政治功能

基层党组织是中国共产党在农村设立的最基本的组织形态，是党在乡村社会中贯彻执行各项方针政策的重要载体。从制度设计层面看，村党组织是村级各类组织和各项工作的领导核心，其基本职责包括政治引领、组织协调、公共服务和社会动员等。作为国家治理体系的“神经末梢”，基层党组织不仅传导国家意志和党的决策，还通过制度化安排保证乡村治理的有序运行。

基层党组织在政治上具有强大的整合能力和权威力量。一方面，它能够有效统筹党政资源，将国家政策有效向下落实，并根据本地实际进行本土化调整；

另一方面，其具备凝聚民意、引导群众的能力，在关键事务中发挥统一思想、协调利益的主导作用。例如，在农村土地流转、农业合作社建设、环境治理与精准扶贫等领域，基层党组织在政策宣传、群众动员和矛盾调解方面均发挥了不可替代的政治引领功能。

（二）组织体系建设与运行机制的不断完善

基层党组织的有效运作，依赖严密的组织体系和规范化的运行机制。近年来，中央加强了对农村基层党组织建设的顶层设计，通过健全“村党组织—乡镇党委—县级党委”的垂直组织体系，确保党的领导贯通城乡、执行有力。同时，推行“村党组织+村民自治组织+集体经济组织”三位一体的组织模式，增强村党组织在基层社会多元结构中的整合能力。

在运行机制方面，建立健全村党组织议事决策、组织生活、民主监督等基本制度，有效推动基层治理法治化、制度化。例如，实行“四议两公开”制度，将村党组织对公共事务的主导决策权与村民的知情权、参与权相结合，提升治理的透明度与合法性。此外，通过“积分制”“村规民约”“党员联系户”等方式，基层党组织实现对村庄治理事务的有效触达与微观治理，增强了组织对基层社会的渗透力与响应力。

（三）引领乡村治理结构转型与制度完善

伴随着乡村社会结构、利益格局与文化形态的深刻变革，传统的“行政主导—群众服从”型治理结构已难以满足新时期多元、复杂的治理需求。在此背景下，基层党组织的领导功能正由单一的行政依附型向制度整合型转型，逐步建构起“党组织领导、多元主体协同”的治理新格局。

一方面，基层党组织通过吸纳能人党员、选派第一书记、推行基层党建责任制等方式，提高组织的专业性与治理能力；另一方面，其主动对接社会组织、市场主体与乡贤力量，构建协同共治平台。例如，在推进数字乡村建设过程中，基层党组织整合电信运营商、互联网企业与本地新型农业经营主体的资源，实现智慧政务、智能管理与数字服务的落地，从而推动乡村治理的科技赋能与结构转型。

此外，基层党组织积极推动制度创新，以适应乡村治理实践的复杂性和多样性。例如，一些地方党组织探索实行“片区联建”“村企共建”“党建联盟”等制度安排，以增强组织体系的灵活性与协同性；同时加强与乡村新兴阶层、返乡人才、农村“网红”等新型群体的组织链接，拓宽治理资源的边界，培育新的治理势能。

（四）提升治理能力的路径与实践逻辑

要实现基层党组织在乡村治理中“定方向、强动能、聚民心”的目标，必须着眼于治理能力的综合提升。从治理逻辑上看，基层党组织治理能力的构成应包括政治能力、组织能力、服务能力、协调能力与创新能力五个维度，如图 1–1 所示。

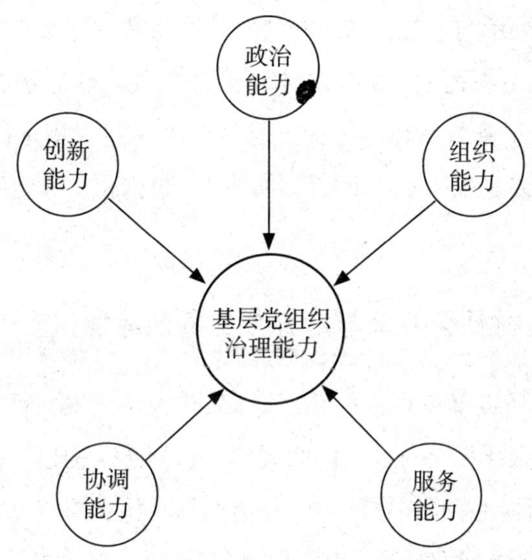

图 1-1　基层党组织治理能力的构成

政治能力是核心基础，体现为坚守党的政治纪律和政治规矩，确保党的领导在乡村落地生根；组织能力体现在有效整合各类资源、配置权力结构、落实组织任务；服务能力强调党组织对农民群众多样化生活需求的回应，包括公共服务供给、教育医疗保障、养老福利等方面；协调能力表现为调解冲突、解决矛盾、融合利益的能力，是确保乡村社会稳定运行的重要保证；创新能力则是适应治理环境变化、整合新技术新模式（如数字治理、大数据监管）的能力，决定了基层党组织的现代治理适应性。

（五）在乡村数字治理中的延伸角色

随着数字技术深度嵌入乡村治理场域，基层党组织的治理方式、资源动员方式与治理理念均发生转变，形成以数字平台为支撑、以数据治理为基础的新型组织形态。基层党组织已不再局限于传统的线下组织动员模式，而是拓展为“线下组织 + 线上平台”的融合治理网络。

以“数字乡村”建设为背景，许多地方基层党组织主导建设“智慧党建平台”，整合村情数据、党员信息、村务管理、便民服务等功能，增强组织对农村社会的全景式掌控与实时响应能力。党组织成为数据的管理者、信息的发布者和数字服务的引导者。例如，在浙江、江苏等地，一些村党组织已实现用移动端 App 进行村级事务议决、公示与监督，党员和村民的参与意愿与参与质量大幅提高。

此外，基层党组织还成为数字技术推广的重要主体。在农业信息服务、农村电商运营、公共服务数字化等方面，党组织牵头建立培训体系、动员平台资源、组织示范户，在实现技术“下沉”的同时，也强化了党组织在村庄数字生态中的主导地位。

（六）重塑农村社会关系与培育乡村共同体意识

通过组织开展村级事务共商共建活动、集体经济发展项目、志愿服务与文化活动，党组织不断强化村民对社区的归属感与认同感，构建“利益共同体 + 情感共同体 + 命运共同体”三位一体的乡村社会结构。特别是应对突发事件时，党组织以其强大的组织动员能力，展现出农村社会凝聚力与应急响应力的制度优势。

党组织还注重以红色文化、革命精神与家风建设为载体，重塑乡村价值体系与社会规范。通过开展主题党日、红色讲堂、家风家训宣讲等形式，弘扬集体主义、公共精神与责任伦理，为乡村治理提供坚实的文化支撑。

二、乡镇基层政府

乡镇基层政府是国家政权在农村社会的基层延伸，是实施国家治理体系和

治理能力现代化的基础单元。作为联系国家与农民之间的“桥梁”和“枢纽”，乡镇政府在政策落地、事务管理、公共服务与社会整合中发挥着主导性作用，其治理行为与治理能力的高低直接影响着乡村治理体系的整体效能。从新时代国家治理体系优化与乡村振兴战略协同推进的背景出发，乡镇基层政府作为乡村治理的主导责任主体，其制度职能、运行逻辑、功能重塑与能力建设等方面，均亟须深度解析与系统梳理。

（一）制度职能的法理确立与组织形态的多维变迁

在国家治理体系中，乡镇基层政府作为一级国家行政机关，其法定职责包括贯彻执行上级政府的方针政策、管理本行政区域内的经济社会事务、维护社会稳定与提供基本公共服务。

随着治理重心向基层下沉，乡镇政府已不再仅仅是政策“传话筒”或行政“执行者”，而是在本地治理结构中扮演着资源配置者、制度执行者、治理组织者与社会整合者的多重角色。其组织结构日趋专业化，功能部门逐步细化，呈现出“行政办公、公共事务、社会服务与发展推动”四位一体的综合性形态。尤其在乡村改革深入推进与乡村治理任务加重的背景下，乡镇政府作为责任主体的状态日益显现，进而倒逼其从组织结构到治理逻辑的转型升级。

（二）乡镇政府是政策传导与制度执行的关键中枢

乡镇政府是国家意志向基层传导的主要载体，其功能在于实现政策的精准落地与制度的刚性执行。无论是宏观战略如乡村振兴、粮食安全、环境保护，还是微观措施如低保评定、土地确权、疫情防控等，均需通过“乡镇政府”这一中介节点加以解读、细化、落地、反馈。

在具体实践中，乡镇政府通过“横向到边、纵向到底”的行政体系联动机制，形成了由党政班子统筹领导、站所队合力协同的政策执行网格。例如，在土地流转过程中，乡镇政府不仅负责政策宣传与舆论引导，还需组织技术指导、监督合同签署并协调各方利益，以确保土地市场有序运作与农民利益不受侵害。同时，其还需通过政务公开、信息公示与公众参与机制，提升政策执行的透明性与合法性。

此外，面对复杂治理环境与多元社会结构，乡镇政府还需在制度执行中掌握“柔性管理”与“刚性控制”的平衡，在不打破制度底线的前提下，运用情理结合的方式增强政策的接受度与适配性，从而实现治理目标与民众利益的“双重整合”。

（三）乡镇政府是公共服务供给中的主导角色

乡村治理现代化的重要标志之一，是公共服务体系的健全与服务质量的持续提高。乡镇政府作为农村公共服务的首要供给者，在教育、医疗、社保、就业、文化、交通等领域负有不可替代的组织与协调职责。尤其是在实现“基本公共服务均等化”目标背景下，乡镇政府的服务能力与服务意识成为衡量乡村治理绩效的核心变量之一。

当前，乡镇政府正面临从“行政管理型”向“服务供给型”转变的系统性挑战。在财政压力、人员紧张、技术支持不足等现实困境下，其公共服务效能仍面临较大瓶颈。然而，部分地区乡镇政府通过整合资源、重构机制、引入社会力量，实现了服务职能的“提档升级”。如采用“一门式”政务服务中心、数字政务平台、流动服务车等方式，将服务触角延伸至村庄“最后一公里”；又如通过购买服务、委托管理、项目外包等方式，借助社会组织与市场机制弥补自身服务短板，实现多元共建共治共享的服务新格局。

值得关注的是，乡镇政府在公共服务过程中，还需不断强化其公平性与可及性意识，避免因资源分配失衡而引发“治理焦虑”与社会不满情绪。这要求其在供给机制上进一步注重对不同群体的服务覆盖与制度兜底。

（四）乡镇政府是社会稳定维护与风险治理的支点

在乡村社会转型与风险结构复杂化的背景下，乡镇政府是实现农村社会稳定、应对突发事件与防范系统性风险的第一道防线。其在矛盾调解、公共安全维护、灾害应急等方面承担着系统性与结构性双重治理任务。

近年来，乡镇政府依托网格化管理机制与信息化平台构建起“动态感知—快速响应—协同处置”的基层风险治理体系。通过设立“村情收集员”“社情联络员”“群众工作信息员”等制度安排，乡镇政府有效拓展社会感知能力，增强

对潜在风险的前瞻性预判。例如，在疫情防控中，乡镇政府迅速组织人力、物资、技术与制度资源，实现对人员流动、健康监测、物资调配与信息发布的统一指挥，充分展现其“末端治理”优势。

然而，社会稳定维护也不能陷于“维稳思维”的路径依赖。现代乡镇治理更需强调“治未病”的制度安排，即从矛盾源头、结构性因素与制度机制上实现问题前置、风险转化。这就要求乡镇政府不断提升社会整合与利益协调能力，发挥其作为“第一协调人”“第一解释人”“第一服务人”的多维角色，在社会冲突日益多样化背景下，保持基层社会的韧性与秩序。

（五）数字化转型背景下的治理能力再造

在“数字中国”战略推动下，乡镇政府治理能力迎来了前所未有的重塑契机。通过政务信息化、平台治理与数据共享机制，乡镇政府实现了治理过程的“可视化、可计算、可追踪”。数字治理不仅提高了行政效率与服务便捷性，也增强了政府对社会结构变化的响应速度与适应能力。

当前，“互联网 + 政务服务”“智慧乡村治理平台”“乡镇大数据中心”等成为众多地区乡镇政府的治理工具标配。例如，通过建设“基层治理一张图”“农村综合信息平台”，实现对村务公开、群众诉求、公共服务、人口流动等数据的全面整合与动态分析，进而精准配置资源、优化服务流程、提高管理质量。数字手段的嵌入还提升了监督能力，如通过政务 App 进一步推进政务公开与权力流程透明。

与此同时，数字治理也对乡镇政府提出了更高的能力要求，不仅要求其具备技术操作能力，更需其具备数据思维、信息治理与平台协同的复合治理能力，避免在推进过程中出现“数据孤岛”“形式主义上网”“信息化反而加重负担”等问题。

（六）乡镇政府是推动乡村治理共建共享的组织引擎

新时代乡村治理强调协同治理、共建共治共享的理念，而乡镇政府作为资源的配置者与权力的连接者，在构建多元协同治理格局中扮演着组织引擎的角

色。一方面，它是各类治理资源的整合枢纽，能够联动基层党组织、村委会、社会组织与村民个人；另一方面，它又是制度供给的主导者，能够设计规则、制定标准、调配机制。

在具体操作层面，乡镇政府往往通过搭建协商平台、整合治理议题与引导参与主体，推动形成多元参与的治理生态。如推行“乡贤议事会”“村民代表协商会”等协商民主机制，让农民在公共事务中实现制度化发声；又如设立“政府＋社会组织＋志愿者”的联动治理机制，使公共事务治理从“独唱”变为“合唱”。

同时，乡镇政府在推进治理共建共享过程中，还需注重治理文化的培育与治理意识的激活。通过制度嵌入与文化倡导，形成“人人有责、人人尽责、人人享有”的治理共同体意识，为乡村治理的可持续性提供深层支撑。

三、农民

农民是乡村治理体系中的核心民众群体，不仅是乡村社会的建设者和受益者，更是乡村治理实践中的关键行为主体。伴随治理理念的转型升级与制度环境的不断优化，农民的参与身份已由“治理对象”转向“治理共建者”。其作为乡村社会的生活实践者、利益承载者和文化传承者，在现代乡村治理格局中被赋予更大的自治空间与话语权力。从政治赋权、制度安排到文化认同与数字素养的提升，农民自治参与的结构逻辑、现实路径与内在张力，构成了乡村治理现代化过程中不可忽视的重要维度。

（一）农民参与的制度基础与权利认同

农民的自治参与首先源自国家对基层群众自治制度的确立与保障。依据《中华人民共和国村民委员会组织法》，村民依法通过村民会议、村民代表会议等形式，决定本村重大事务、监督村务运行、选举村级组织负责人，实现对本村事务的民主决策、民主管理与民主监督。这一制度设计标志着农民不再只是接受治理的客体，而是具有制度性权利保障的治理主体。

在实践中，随着法治建设的深入推进与基层治理体系的不断完善，农民对其治理权利的认知与认同持续增强。参与选举、表达诉求、参与议事、提出监督

等行为日益常态化，治理民主逐步从“纸面权利”走向“实质实现”。例如，在一些乡村，农民对土地流转、公共资源分配、集体经济收益等议题的参与度显著提升，并逐渐形成稳定的参与机制和权利认知结构。这种“政治自觉”的提升，为农民参与治理提供了稳定的心理基础与制度依托。

然而，权利认同并非自然生成，它依赖法律知识的普及、参与制度的畅通以及农民在实际参与中的获得感与归属感。因此，推动农民自治参与的首要任务是持续构建“知权—行权—护权”的权利循环机制，增强农民在治理中的制度信心与参与意愿。

（二）农民自治组织的作用与功能拓展

农民参与乡村治理的重要形式之一是通过村民自治组织的运行参与公共事务。村民委员会作为农村基层群众性自治组织，在村党组织的领导下，负责本村的经济建设、公共事务与社会服务，其成员由村民直接选举产生，具有高度的民意代表性与治理合法性。

随着治理任务的日益复杂，农民自治组织的功能也由原有的“事务管理者”向“组织协调者”“公共服务提供者”“利益代表者”的多重角色转化。在集体经济组织、产业合作社、村民理事会等基层社会结构不断发展的基础上，农民通过自治组织不仅参与日常事务管理，也深度介入乡村发展、文化建设、社会监督等广泛领域。例如，一些地方推行“村民议事日”“村民开放日”等制度化机制，保障村民就村级规划、公共财政、项目实施等议题进行协商与监督，有效增强了治理的包容性与参与性。

此外，基于农民的生活共同体属性，一些自治组织还承担着价值整合与文化传承职能，在构建共识、协调冲突与培育认同方面发挥作用。通过设置村规民约、开展道德评议会、组织节庆活动等方式，村民自治组织强化了村庄内部的伦理规范体系与行为引导机制，促进乡村社会的秩序自律与文明自觉。

（三）农民在治理实践中的参与方式与行为转型

农民在治理实践中的参与方式呈现出多样化、层级化与情境化的发展趋势。

从传统的选举投票与会议出席，到现代的议事协商、数字治理反馈与项目共建，农民的参与边界在不断拓宽，其行为方式也从“被动响应”向“主动介入”转型。

具体而言，农民参与乡村治理大致可分为五种主要方式：一是通过村级选举表达政治意志，参与村“两委”人员的选举与监督；二是通过村民会议或村民代表会议参与决策协商，表达对公共事务的意见建议；三是通过志愿服务、公益组织等形式参与公共服务供给；四是通过政策反馈、信访举报等机制参与公共监督；五是通过社会网络、线上平台、微信群等新兴媒介参与信息传播与舆论引导。

这种多样化的参与方式，显著提升了农民在治理体系中的能动性与影响力。然而，也应关注参与中的差序结构与资源不均等问题。一方面，部分农民因文化程度、经济条件、社交能力等限制而被从属化；另一方面，一些参与行为仍停留在形式层面，未能实质性影响决策过程。因此，推进农民治理参与的有效性，需通过“制度赋能—能力建设—平台支持”三位一体机制，不断优化参与结构与提高参与质量。

（四）数字化条件下的农民参与路径创新

随着数字技术的广泛普及与“互联网 + 政务”的深入发展，乡村治理迎来了“技术赋权”的新契机。农民作为数字乡村的重要参与者，在平台治理、数据反馈、网络议政等方面具有了新的参与模式与社会动员形式。

一方面，数字化拓宽了农民的参与渠道。通过政务服务平台、村级微信公众号、线上议事系统等数字工具，农民能够实现对公共事务的实时关注与互动反馈。例如，在村务公开平台上，村民可随时查看集体经济收支、项目进展与人居环境整治情况，进而在平台上留言、投票或申诉，形成了“数据驱动—互动参与—智能反馈”的治理路径。

另一方面，数字化增强了农民的组织化能力。许多地区依托“智慧乡村”平台推动“网格 + 平台 + 村民”联动机制，村民通过微信群、钉钉群或本地 App 参与社区事务讨论、志愿活动组织与风险信息预警，实现从个体参与向群体协作的跃迁。此外，返乡创业青年、“新农人”、农村“网红”等新兴群体成为推动数字参与的关键中介，有效激活了农民治理参与的社会动能与网络资源。

然而，数字化也带来“数字鸿沟”与“技术屏障”的现实挑战。部分老年

农民或偏远地区农户因技能缺失、设备不足而被排除在数字参与之外，导致“信息不对称”与“话语失衡”的问题。因此，构建“无障碍数字参与”环境，是实现数字治理公平化与农民普遍参与的关键所在。

四、社会组织

在现代乡村治理体系中，社会组织作为介于政府与市场、政府与农民之间的重要社会力量，逐渐成为推动协同治理、完善服务供给与增强社会韧性的关键主体。伴随治理理念向多元共治转型，社会组织在资源整合、服务延伸、利益调和、公共参与等方面发挥着日益显著的功能，构成了乡村治理结构中不可或缺的协同维度。从理论逻辑与制度设计出发，社会组织不仅是国家治理体系现代化的重要补充力量，也是推动乡村社会现代性转型的现实依托。

（一）社会组织在乡村治理体系中的角色定位

社会组织在我国的法律制度中主要包括社会团体、基金会、民办非企业单位及农村专业经济协会、志愿服务组织、社区发展组织等。它们依据不同的组织属性、服务内容与治理职能，在乡村治理体系中形成了结构多样、功能互补的协同格局。与政府的行政职能与农民的自治行为不同，社会组织通过其自愿性、公益性与专业性，实现了公共领域治理能力的有效延伸与补位。

在乡村社会转型与功能重塑过程中，社会组织承担着多重治理角色。其一，是政策执行的协助者，能够在政策推广、项目执行与服务延伸中提供柔性支持；其二，是社会服务的提供者，通过专业化运营与在地服务，满足农民多元化需求；其三，是利益关系的协调者，在多主体利益博弈中扮演“中介”“缓冲”“调和”角色；其四，是社会资本的培育者，通过网络联结、情感动员与价值倡导，增强村庄内部的凝聚力与认同感。

正是基于这一多维角色定位，社会组织成为打通“政府—市场—农民”之间连接断点、回应基层治理成效的关键力量，是推动乡村治理走向协同共治的现实抓手。

（二）社会组织类型的多样化及功能分化

当前参与乡村治理的社会组织类型日趋多元，既包括自上而下引入的政府购买服务型组织，也包括自下而上发展起来的村庄本土组织。具体而言，主要可分为以下几类。

第一类是农村专业经济协会和农业合作社类组织，主要在农业技术推广、产业链整合与农产品销售等方面发挥作用，强化农民的组织化程度，推动农业现代化发展。第二类是公益慈善类组织，如农村助学基金会、乡村志愿服务团体等，侧重于文化教育、养老服务、扶助救济等社会性事务，缓解公共资源配置不足问题。第三类是社区发展类组织，如村庄互助会、议事理事会等，侧重于村民自治事务、公共空间管理与基层治理议题的协商。第四类是生态环保类组织，围绕农村环境保护、水资源管理、垃圾分类等议题进行专业化干预与社会动员。

这种多类型、多功能的组织格局，显著增强了社会组织介入治理的覆盖面与适应力，使其能够在不同领域、不同层级、不同问题中实现有效参与与补位。同时，也需关注不同类型社会组织之间的协调机制建设，防止资源分配不均、治理目标分散或角色重叠所带来的治理失序问题。

（三）社会组织在协同治理机制中的制度嵌入与实践路径

社会组织的有效协同参与，需要制度的嵌入与机制的保障。近年来，国家不断出台相关政策促进社会组织健康发展，如《中共中央 国务院关于加强基层治理体系和治理能力现代化建设的意见》《社会组织管理条例》等，明确提出支持社会组织参与基层治理，推动形成多元共治格局。在相关政策引导下，地方政府逐步探索构建“政府引导—组织参与—群众共建”的协同治理机制。

在具体实践路径上，一方面是通过政府购买服务机制，将部分公共事务交由社会组织承担，如养老服务、教育培训、农村医疗、文化活动等；另一方面是通过建立组织登记、评估与资助体系，引导社会组织专业化、规范化发展。例如，一些地方实行“社会组织积分制管理”，通过透明评估、公开遴选机制决定其参与治理项目的优先权，提升其服务公信力与治理效能。

此外，协同治理还需关注“组织间协同”与“组织—村民协同”的双重建

构。前者强调组织之间的信息共享、任务分工与资源互补；后者强调组织与村民之间的信任构建、互动机制与共同参与。通过构建“协商议事平台”“项目合作平台”“社区共建平台”等空间载体，社会组织与村民的联系日益紧密，共治合力逐步显现。

（四）社会资本构建与治理信任的生成机制

社会组织在乡村治理中不仅提供服务，更在重塑社会结构与构建社会资本方面发挥基础性作用。它通过联结个体与集体、上层与基层、制度与文化，成为乡村社会“中间结构”的代表性力量。

首先，在横向层面，社会组织推动村民之间形成基于信任、互助与合作的社会关系网络，重建乡村社会资本基础。以村民互助会、志愿服务队等为代表的草根组织，能够激活村民之间的情感联结与互惠行为，促进村庄内部凝聚力的恢复。其次，在纵向层面，社会组织通过参与政府项目与资源分配，增强农民对治理体系的认同感与信任感。其作为“非政府性”的治理载体，往往更易被村民接受，进而取得更好的治理效果。

在此过程中，治理信任的生成机制主要包括组织规范性（是否依法依规运营）、服务可及性（是否真正回应需求）、参与包容性（是否吸纳多元主体）、互动持续性（是否形成稳定连接）与反馈响应性（是否及时回应问题）。只有持续积累信任资源，社会组织方能在治理网络中稳定嵌入、有效发力。

第二节　乡村治理的原则与目标

一、乡村治理的原则

（一）法治原则

法治是现代国家治理体系的基石，是推动乡村社会秩序化、制度化、规范

化运行的根本保障。随着中国特色社会主义法治体系的逐步完善，乡村治理迈向以法律规范为核心的现代治理形态。在乡村治理领域确立法治原则，不仅意味着治理方式的转型，也体现了国家法治建设向基层延伸、制度体系向乡村覆盖的战略导向。当前，应从朝着法治转型、加速法治现代化进程与实现乡村法治化三方面系统审视乡村治理中的法治原则内涵。

1. 朝着法治转型

在长期的乡村治理实践中，地方基层治理曾经存在一定的经验主义、情理主导、权威支配等人治倾向，治理缺乏制度约束与程序规范。法治原则的确立，要求乡村治理从“关系治理”“权力治理”转向“规则治理”，实现从非制度性管理向制度化、程序化、合法化治理的根本性变革。

这一转型首先体现在治理理念上，即确立“法律至上、依法行政、以法治村”的治理价值取向。各类村级事务，如集体资产管理、土地使用、选举议事、扶贫政策落实、生态环境保护等，必须以国家法律为基本遵循，不得违反法律授权、逾越法律边界。其次，法治转型要求治理方式进行结构重塑，建立“权责明确、运行规范、监督有力”的乡村治理体系，防止滥用权力、违规操作与暗箱操作等问题。

此外，法治理念还应贯穿农村社会生活的各个层面，涵养村民法治意识与公共规则意识，使“办事依法、遇事找法、解决问题用法、化解矛盾靠法”成为乡村社会的基本行为方式。法治不再只是上级政府的行为要求，而应成为全体乡村治理参与者的共同信仰与实践准则。

2. 加速法治现代化进程

实现乡村治理的法治化，必须依托国家法治体系在基层的延伸与落地。当前，随着《中华人民共和国乡村振兴促进法》《中华人民共和国农村土地承包法》《中华人民共和国村民委员会组织法》《中华人民共和国农民专业合作社法》等一系列法律法规的陆续实施，涵盖乡村社会经济生活各方面的基本法治框架初步形成，为乡村治理的制度化运行奠定了法律基础。

然而，法治体系除了要“有形覆盖”，还要注重“有效运行”。法治现代化的关键在于制度的可实施性与群众的可感知性。因此，在推进过程中应同步完善

法治配套机制与基层治理体系。其一，加强基层依法行政能力建设，推动乡镇政府严格依法履职，落实行政决策程序、权力清单制度与行政复议机制；其二，提高基层党组织和村民委员会依法办事水平，建立村规民约与国家法律的衔接机制，确保“村治”有法可依、合规运行；其三，健全农村法治保障体系，加强基层司法服务、法律援助、法律监督等制度建设，提升乡村群众的法律获得感。

同时，法治现代化还需借助信息化与数字技术力量，通过“互联网+法治宣传”“智能法律服务终端”“在线法律咨询”等数字平台，将法治服务嵌入农村社会治理日常，为农民提供低门槛、高效率、可持续的法治供给，推动实现法治服务的均等化与便利化。

3. 实现乡村法治化

乡村法治化的最终目标，不仅应体现在制度完善与流程规范上，更应体现在法律规则对乡村社会行为的深度影响和内化机制上。法治不仅是外部约束力量，更应成为内在价值认同与行为自觉，从而构建起法治与乡村社会结构之间的有机整合。

推动法律规则在乡村社会的广泛传播与深度嵌入。这一过程离不开持续性的法治宣传教育机制，通过“法律进村”“法治大讲堂”“农村普法巡讲”等形式，提升农民对常用法律法规的理解与运用能力，使法律成为他们解决实际问题的基本工具。重点应放在土地权属、婚姻家庭、财产继承、环境权益、公共参与等高频法律议题上，增强群众的法律知识储备。

在尊重农村传统文化与乡规民约的前提下，引导其与国家法治精神相融合，发挥乡贤、德治力量与村民自治在法治传播中的积极作用。如在村规民约中明确法律禁止条款，在红白理事会中引入法律指导意见，在道德评议中设立法治观察员等，使法治理念通过群众认同与乡土语境“润物细无声”地实现普及。

推进治理实践中法律规则的应用与落实，建立“法治试点—制度完善—全面推广”的工作机制。鼓励地方探索法治在基层治理中的实践模式，如村务公开与法律评估联动机制、矛盾调解与法律顾问协同机制、信访接待与法律答复整合机制等，增强法律在乡村事务处理中的权威性与实效性。

实现乡村法治化还需加强法律服务体系建设，打通群众“找法、懂法、用法”的路径堵点。重点包括设立乡村法律服务站、推广驻村法律顾问制度、提升村干部法律素养、鼓励青年法学生下乡服务等措施，推动法治资源下沉、力量配强、机制固化，确保乡村法治建设不留空白、不落死角。

（二）民主原则

民主是现代国家治理的根本价值，是实现人民群众作为治理主体参与权力运行、实现自身利益的重要制度路径。在乡村治理中，确立民主原则意味着全体村民共谋、共建、共治、共享。民主原则的确立，不仅回应了国家政策对基层民主的制度化要求，也满足了农民群众日益增长的参与意愿与表达诉求，是推动乡村治理现代化进程不可或缺的基本原则。在具体实践中，应从响应政策要求、满足主体发展需求与落实社会实践三个维度，系统建构乡村治理中的民主机制与民主秩序。

1. 响应政策要求

我国长期重视农村基层民主制度的建设，逐步形成以村民自治制度为核心，以选举、决策、管理、监督为基本内容的基层民主实践体系。尤其自《中华人民共和国村民委员会组织法》颁布以来，村民依法通过村民会议、村民代表会议等形式，参与本村公共事务和公益事业，民主权利得以在制度层面确立。

乡村治理中的民主原则，首先是对国家基层民主制度设计的落实与回应。从“村民直选”到“议事协商”、从“村务公开”到“民主评议”，均体现了国家在推进“全过程人民民主”中的基层实践逻辑。这些制度安排不仅在形式上保障了村民的参与权、表达权、监督权，也在实质上推动了治理权力向村民的逐步让渡，形成了国家治理与民间自治的协同互动结构。

同时，民主制度的有效运行需依托明确的制度规则与程序规范。选举需依法组织、过程需公开透明、议事需程序正当、监督需制度可行，唯有如此，基层民主制度方能具备内在生命力。当前，部分地方通过完善村民代表议事规则、建立村务公示平台、制定民主议事流程图等方式，提升基层民主的操作性与实效性，推进制度民主与过程民主的有机统一。

2. 满足主体发展需求

在乡村社会转型加速的背景下，群众的治理主体意识与民主参与意愿呈现

出持续觉醒与扩展的趋势。随着教育水平的提高、信息渠道的拓宽与法治观念的深化，越来越多的村民开始主动表达自身利益诉求、参与村庄事务协商、监督公共资源使用，基层治理逐步由“政府单向推动”向“村民多向参与”转变。

这一变化反映出治理主体结构由“组织主导型”向“公民参与型”的演进趋势。村民不再仅仅是政策接受者和事务被动执行者，而是通过选举投票、议事表达、志愿服务、监督反馈等多种方式，积极参与公共治理过程。部分地区还出现了“村民议政团”“村庄公民议事厅”等新型民主实践形式，强化了村民在基层治理中的实质性话语权。

3. 落实社会实践

民主原则在乡村治理中的实现，不能仅停留在制度文本与理念认同层面，而需依赖一套系统性、常态化的机制体系予以落地实施。具体而言，民主实践应在选举、议事、协商、监督等关键环节构建起稳定运行机制，实现制度性参与与实践性协同的统一。

一是在选举机制方面，完善村民委员会换届选举制度，确保选举公开、公平、公正。探索“海选制”“差额推荐制”“直选＋评议制”等多种选举机制组合形式，提升候选人结构多样性与选民投票积极性，确保当选者具备广泛民意基础与治理能力。

二是在议事协商机制方面，推动村民会议制度化、规范化运行，强化村民代表会议在重大事务决策中的作用。通过设立协商议题目录、议事议程流程、结果反馈机制等方式，保障协商决策的广泛性与有效性。部分地区还建立了“村民议事中心”“乡村协商广场”等专门平台，提升议事协商的公开度与参与率。

三是在村务监督机制方面，健全“村务监督委员会”与村级审计制度，强化村民对村集体财务、工程项目、资源使用等事务的日常监督。利用数字技术手段，如“阳光村务平台”“村务电子屏”等，推动村务信息公开化、数据化、常态化运行，使监督过程可视、可查、可控。

四是在群众参与多元化方面，鼓励村民通过志愿服务、公益协作、议题倡议、议题投票等方式广泛参与治理事务。如在乡村人居环境整治、公共基础设施建设、文化活动组织等具体治理议题中，明确村民参与方式、参与路径与参与责任，推动“人人有责、人人尽责”的公共参与氛围。

最终目标是实现形式民主向实质民主的转化，即不仅让村民“有票可投”，更让其“有事可议、有人可选、有权可行、有责可尽”，从而推动乡村治理从“程序嵌入”走向“行为内化”，形成乡村社会民主政治文化的制度化沉淀。

（三）权利原则

权利原则是现代社会治理的重要基石，其核心在于承认并保障个体作为公民的基本权利，使治理过程建立在权利平等、权责对等、法理清晰的基础之上。在乡村治理语境中，确立权利原则不仅体现了国家对广大农民群众主体地位的肯定，更标志着乡村治理从“以权力为中心”向“以权利为核心”的范式转变。实现农民权利的制度化表达与制度性保障，不仅能够增强农民的获得感、参与感与认同感，也为乡村治理现代化提供了坚实的伦理基础与实践动力。

1. 灌输农民权利观念

权利原则的确立，首先必须从观念层面着手，打破“权力至上”的传统思维惯性，建立“权利优先”的现代治理观。

这种观念的转变，需要借助系统性、持续性的权利教育与公民意识启蒙。一方面，政府及社会组织应加强对农民开展权利知识普及教育，将宪法权利、民法典知识、农村土地法、选举法等与农民日常生活密切相关的法律法规，转化为通俗易懂的学习内容，通过广播、短视频、墙体标语、农民讲堂等形式，使权利知识真正“入脑入心”；另一方面，要强化权利教育的实践引导功能，引导农民在参与公共事务、维护自身权益、表达诉求时主动使用法律武器，逐步形成“自觉意识—理性表达—合法行动”的权利实现路径。

同时，灌输权利观念还需重视乡土文化土壤的适配与融合，尊重本地语言习惯、文化价值与社会结构，通过“以理带法”“以情入理”等方式，将权利理念与农民日常生活逻辑相嵌合，使权利教育不流于形式、不停留于口号。

2. 组建权利体系

在治理实践中，农民权利不是抽象的政治口号，而需具备明确的权利结构、保障机制与实现路径。基于农民的实际需求与治理参与状况，乡村权利体系应包括以下几个关键维度。

（1）政治参与权。农民作为国家公民，依法享有选举权与被选举权、知情权、参与权、表达权与监督权。乡村治理必须确保农民有权参与村“两委”换届选举，有权知晓村务财务信息，有权参与村级公共事务决策与议事协商，有权监督村干部履职行为，有权对不合理治理行为进行反映与举报。政治权利的实现，是乡村民主制度运行的根本保障。

（2）土地与财产权。土地是农民最核心的生产资料，土地承包权、宅基地使用权、集体收益分配权等构成农民的基本财产权利。保障土地权利必须做到确权到户、登记上图、依法保护，防止非法征地、强制流转、收益侵占等现象。同时，应加强对集体经济组织成员权利的保护，建立透明、公正、可追责的财务管理制度，确保每位农民在集体资产运营中的合法收益权。

（3）社会保障权。随着城乡一体化进程推进，农民在教育、医疗、养老、住房等社会福利方面的权利诉求日益突出。乡村治理需通过建设基本公共服务均等化机制，实现农民与城镇居民在基本权利保障方面的制度对接。特别是在教育公平、老年照护、医疗资源配置等方面，应建立适应农村人口结构特点与需求特征的保障制度，增强农民对社会制度的归属感与信任感。

（4）文化发展权。农民有权享有文化参与与文化发展权利，包括接受教育的权利、参与公共文化活动的权利、使用本土语言文化的权利等。应推动乡村公共文化服务体系建设，建设村级图书馆、文化广场、乡村戏台等文化基础设施，推动“送戏下乡”“村播计划”“农村电影工程”等项目常态化运行，真正实现农民文化权利的制度供给与精神生活的持续提升。

在这一权利体系构建过程中，政府部门、基层组织与社会力量需通力合作，确保权利内容的明确性、实现机制的可行性与监督路径的畅通性，形成“全方位覆盖、多层级支撑、全过程保障”的农民权利保护体系。

3. 将权力下放

权利原则的根本要求是实现治理重心赋权式转型，即通过制度性安排将权力实质性地下放给农民，使其能够真正掌控自身生活的公共部分，并在制度框架内行使治理权利。在此过程中，关键在于推进权力的“有序下放”与“制度嵌入”。

（1）强化农民在公共事务中的实质性参与权。通过完善村民会议、村民代表会议、协商议事平台等制度，赋予村民对土地流转方案、集体收益分配、基础

设施建设等重大事项的议决权，确保村民“有事能议、有权可行”。各地可根据实际探索“村民提案”“参与式预算”“村民公约制定”制度，将权力下放具体化、程序化。

（2）推动资源配置权的下沉。在财政管理、项目引进、政策执行等方面，应建立“上级指导—村级主导—农民参与”的资源配置机制，避免出现“项目下来了，群众却不知道”“工程建完了，农民却不满意”的情况。资源配置的民主化，是实现农民权利实质转化的重要路径。

（3）鼓励村级治理权的回归与激活。当前部分地区存在基层组织“虚化”“空转”现象，村级组织在治理中缺乏权威性与动力。应通过“强村带弱村”“片区治理共同体”“村社联合办公”等方式，重建村级治理权力空间，使其既有责任又有权力，既有任务又有能力，推动农民在治理中由“被动响应”转为“主动建构”。

（4）加强对权利行使过程的保障与监督。建立权利行使的风险防范与纠错机制，设立权利申诉渠道与维权平台，确保农民在行使权利过程中免受权力压制、信息垄断与程序壁垒的影响。通过法治手段规范权力使用边界与程序，引导农民依法有序表达、合法有效参与。

最终目标是构建“权力让渡—权力下放—能力提升—参与常态”的制度闭环，使农民在乡村治理中真正实现由“参与者”向“主导者”的身份转变，从而推动形成以农民为中心、以权利为导向的现代乡村治理结构。

（四）服务原则

服务原则是现代公共治理的核心理念之一，要求治理的出发点和落脚点均以人民群众的需求为中心，强调治理过程应体现服务导向、回应导向与效能导向。在乡村治理体系中，确立服务原则不仅意味着政府职能转型与治理方式更新，也标志着国家对农民利益保障的制度承诺和治理文明程度的提升。推动服务型乡村治理的构建，应从基层党组织、乡镇政府与社会组织三类治理主体出发，建立以农民需求为导向、以制度建设为支撑、以协同供给为特征的服务型治理体系，真正实现“治理为民、服务为本”的价值目标。

1. 发挥基层党组织的服务效能

基层党组织作为乡村治理体系中的领导核心，其服务效用体现为政治功能与服务职能的有机统一。在过去相当长时间内，党组织的治理角色更多偏重于政治传导与组织动员；而在新时代背景下，其职能边界不断拓宽，逐步转型为集宣传引导、组织协调、政策落实与公共服务于一体的复合型服务组织。

一方面，党组织通过“党建 + 服务”机制推动基层治理重心下移。例如，通过设立“党员先锋岗”“服务型党小组”“红色网格员”等组织形式，推动党务工作与民生事务深度融合，使党组织从“政策执行者”转变为“问题解决者”。在公共事务中，党组织主动承担政策宣讲、需求收集、问题化解等多项职责，有效提升了公共服务的可及性与响应性。

另一方面，党组织还通过制度化方式引导村级治理资源向服务职能配置，如将村干部考核指标与服务群众满意度挂钩，设立“村民事务清单”“服务对象台账”等工具，规范服务流程、提升服务效能。此外，党组织在整合各类服务资源中发挥“枢纽”作用，协同乡镇政府、社会组织与市场力量，实现服务资源的优化配置与综合供给。

通过以上路径，党组织服务功能的强化不仅提升了群众的获得感，也增强了其在乡村治理中的组织动员能力与制度权威，从而构建起“为民服务解难题”的治理认同机制。

2. 提高基层政府公共服务水平

乡镇基层政府是农村公共服务的直接供给者与制度性组织者，其治理方式的服务化转型，是推进服务原则落地的关键环节。为实现治理现代化目标，基层政府必须向“服务型政府”转型，强化公共服务的供给能力、治理体系的服务导向与服务过程的制度规范。

首先，应推动服务理念的制度化转型。通过明确《乡镇政府工作职责规范》和“基层服务事项清单”“便民服务流程图”等制度性文本，确立政府服务的基本范畴、标准流程与责任边界，使服务成为行政运行的主轴而非附属。部分地区已探索推行“一站式服务中心”“乡镇服务大厅”“村级代办点”等政务服务载体，极大地缩短了村民办理事务的时间与流程，提升了服务体验与满意度。

其次，强化政府服务能力建设，提升服务的专业性与响应性。这包括干部队伍的能力培训、公共服务领域的项目引入、技术平台的嵌入等多方面内容。例如，通过“互联网+政务服务”平台，实现政务服务事项网上受理、信息共享、流程追踪，提高服务的精准化与数字化水平；通过“下沉服务岗”“服务走访日”等机制，实现服务的“进村入户”，解决农村地区服务“最后一公里”问题。

最后，应建立健全群众反馈机制与服务评估体系，通过问卷调查、满意度评价、绩效考核等方式对服务质量进行动态监测与及时调整，确保服务供给与群众需求之间形成良性互动关系。

3. 增强社会组织的公共服务能力

社会组织作为乡村治理中的重要参与力量，其在提供专业化、多样化、灵活化公共服务方面具有显著优势。与政府自上而下的“普惠式”服务相比，社会组织在资源对接、个性回应与深度介入方面更具灵活性与适应性，能够在特定服务领域实现“精细化补位”“精准化覆盖”。

一方面，应建立政府与社会组织之间的合作机制，推动公共服务的购买制、外包制与协作制发展。政府可以通过设立“公共服务项目库”“服务项目招标机制”“项目绩效评估机制”等方式，引导具备资质与信誉的社会组织参与农村养老照护、儿童教育、心理健康、生态保护等服务领域，实现专业供给与制度规范的有机统一。

另一方面，要推动社会组织自身能力建设与专业提升。当前部分农村地区社会组织存在组织松散、人才缺乏、运行不规范等问题，影响其公共服务功能的有效发挥。对此，应通过组织孵化平台、能力提升培训、资源链接机制等多维路径，提升社会组织的服务设计能力、运营管理能力与评估改进能力，使其能够在治理体系中长期稳定地承担服务职能。

此外，还应推动“村民互助型”草根组织的发展，如邻里互助会、老年照料团、儿童陪护小组等，使村民在服务中实现自我治理与自我发展，强化乡村社会内部的互助网络与服务文化，构建“内生型公共服务共同体”。

4. 服务的进步应永无止境

服务原则的确立不是一时的政策回应，而是长期制度建设与文化养成的过

程。在乡村治理体系中落实服务原则，必须坚持动态更新、持续优化与制度嵌入，不断推动服务体系的现代化、系统化与多元化发展。

首先，应构建服务需求动态识别与响应机制。通过数据采集、信息分析与需求预测等手段，形成“问题发现—快速响应—精准施策”的动态服务机制，增强服务的前瞻性与适应性。

其次，推动服务供给机制的系统集成。强化政府、党组织、村委会、社会组织与市场之间的协同关系，构建“主体联动—资源共享—功能互补”的服务共同体，实现“纵向到底、横向到边”的服务网络全覆盖。

再次，培育服务型治理文化。通过制度倡导、示范引领与典型宣传，营造“服务为荣、为民为本”的基层治理氛围，推动村干部、基层工作者与村民树立“有求必应、主动靠前”的服务意识，将服务理念融入治理日常，成为行为自觉与制度规范。

最后，建立服务能力评估与改进机制。将公共服务质量纳入治理绩效考核体系，通过第三方评估、群众监督与反馈修正，推动服务供给持续优化与机制自我完善，确保服务原则能够内嵌于乡村治理的各个环节，真正实现“治理的温度”与“服务的广度”相统一。

二、乡村治理的目标

（一）政治目标

政治目标是国家治理中最高层级的价值导向，体现着治理活动的根本立场、政治逻辑与战略目标。在乡村治理体系中，政治目标的确立既是党和国家实现社会全面进步的内在要求，也是农村社会走向有序、公正、和谐状态的基本保证。围绕新时代中国特色社会主义建设全局，乡村治理的政治目标应着眼于构建稳定有序的基层政治生态、实现党在乡村治理中的全面领导、夯实人民民主的治理根基，并在制度、文化与实践层面推进乡村政治现代化进程。归根结底，这一目标指向的是一个政治结构清明、组织体系完备、村民理性参与、政治权威与政治认同相统一的乡村治理共同体。

1. 构建稳定有序的基层政治生态

稳定是发展的前提，政治秩序的稳定是乡村治理体系正常运作的基础。实现乡村社会的政治和谐，首要任务便是构建一个权责明晰、运行规范、民主有序的基层政治环境。

2. 实现党在乡村治理中的全面领导

中国共产党在乡村治理中的领导地位具有根本性、全局性与制度性特征。实现党的全面领导是政治目标的核心要义，也是乡村治理体系稳定运行与乡村振兴战略有效推进的政治保障。当前，基层党组织领导体系已全面覆盖乡村治理各个层级，构建起“党委领导、政府负责、社会协同、公众参与”的治理格局，其中党组织处于统筹协调、政治引领与核心整合作用的关键位置。

3. 夯实人民民主的治理根基

人民民主是社会主义政治制度的核心价值，在乡村治理中的落脚点即村民的广泛、持续、实质性参与。构建和谐乡村政治秩序，必须以健全民主机制为前提，强化村民的政治表达能力与治理参与能力，构建“人人有责、人人尽责、人人享有”的民主治理格局。

4. 推进乡村政治现代化进程

政治现代化是国家现代化的重要组成部分，乡村政治现代化则是实现治理体系和治理能力现代化的基层基础。推进乡村政治现代化，关键在于以现代制度理念、现代组织体系与现代治理技术为依托，推动乡村政治从传统向现代的全面转型。

（二）价值目标

在乡村治理体系不断完善与乡村振兴战略深入推进的进程中，保障农民权利不仅是基本价值诉求的体现，更是衡量治理体系公平性与正当性的核心标准。将“切实地保障好农民的权利”确立为乡村治理的重要价值目标，既反映了以人民为中心的发展思想的本质要求，也回应了新时代“三农”工作对于农民主体地位的高度重视。通过构建全面、系统、可及的权利保障机制，实现农民政治权利、经济权利、社会权利、文化权利的全维守护，是推动乡村治理向公平正义迈

进的关键所在。

1. 保障政治权利

政治权利的保障是农民在乡村治理中成为真正治理主体的前提条件。它不仅涵盖了农民依法享有的选举、被选举、知情、表达、监督等基本权利，还关系农民在公共决策过程中的实质性话语权与制度性代表权。

2. 保障经济权利

经济权利是农民生存与发展的基本保障，其核心内容包括土地权利、劳动权利、财产权利与发展权利。乡村治理必须以促进经济公正为基本原则，构建确保农民资源收益与发展机会公平分配的治理机制。

3. 保障社会权利

社会权利是农民享有社会服务与社会保障的制度性通道，直接关系其生活质量与社会融入程度。推动乡村治理价值目标实现，必须以社会权利保障为抓手，建立城乡融合发展背景下的社会服务供给体系。

4. 保障文化权利

文化权利是现代治理价值体系的重要组成部分，在乡村社会转型背景下，农民对于精神文化的需求日益多样化。乡村治理不仅要关注物质权利的保障，也应重视精神权利的满足，通过公共文化服务体系建设与文化表达机制设计，提高农民精神生活质量与文化参与能力。

（三）根本目标

乡村治理的根本目标不仅在于实现制度秩序的稳定与权力结构的合理安排，更在于通过有效治理手段，持续改善农村居民的物质生活条件与精神生活品质，最终实现全民共享的福祉增进。在新时代背景下，推动农民生活水平整体提高，不仅是实现共同富裕的题中应有之义，更是衡量国家治理能力与治理绩效的基本尺度。因此，乡村治理必须紧紧围绕群众对美好生活的现实期待，从收入增长、生活条件、公共服务与生活方式等多维度推进治理优化，着力实现由“生存型保障”向“发展型提升”的转变。

1. 推动收入持续增长，实现生活质量的物质基础巩固

收入水平是居民生活质量的核心指标，是改善民众生活的基础性变量。要实现生活水平的根本性改善，首要任务便是推动农民收入的持续、稳定、全面增长。

2. 改善基础生活条件，推动人居环境与居住品质全面提升

基础生活条件的改善是提高农民生活质量的重要体现。住房安全、饮水清洁、道路通畅、环境整洁、电力稳定等，构成了民众日常生活的基本保障，直接影响其生活的便利性、舒适性与尊严感。

3. 提高公共服务质量，保障基本民生与发展权利

公共服务是国家向全体公民提供的基本生活保障，是实现社会公平与改善民生的重要制度工具。在乡村治理中提高公共服务质量，是实现农村居民生活水平持续提高的制度保障与行动平台。

4. 引导生活方式转型，推动生活质量向“品质”跃升

在经济发展与社会进步的基础上，农民群众对生活的要求不再仅限于“吃饱穿暖”，而是转向“生活有品、有趣、有尊严”的更高层次追求。乡村治理的根本目标也应顺应这一趋势，从单纯的物质供给走向涵养生活品质的全方位治理体系。

（四）现代化目标

在国家治理体系和治理能力现代化的总体战略框架下，乡村治理的现代化目标必须立足于构建具有广泛包容性、结构合理性与制度正当性的现代乡村公共体系，其核心即在于全面实现公共性。所谓公共性，不仅是一种治理理念，更是一种制度形态和实践逻辑，强调公共权力的理性运行、公共事务的共同参与、公共资源的公平分配与公共空间的持续拓展。它要求乡村治理向“现代治理的开放性、平等性、普惠性”根本转型，是实现善治、善政与善生活的根本路径。

1. 公共权力的制度化运行

公共性在乡村治理中的首要体现是公共权力运行的制度化与规范化。实现治理现代化，必须将权力纳入制度轨道，通过法治化、程序化与公开化手段，增

强权力运行的透明度与合法性。

2. 公共资源的公平分配

公共性要求治理资源在村庄空间中实现相对公平的配置，避免因资源垄断、分配不公引发社会分层与治理失序。传统乡村社会中资源分配往往依赖血缘关系、地缘结构或权力依附，导致治理效能与群众满意度下降。现代治理逻辑则要求通过制度安排实现公共资源供给的正义性与普惠性，构建起“按需分配、程序公平、过程可控”的资源配置体系。

3. 公共事务的广泛参与

公共性治理不仅体现在制度设计与资源配置中，也体现于公共事务中主体的广泛参与上。现代乡村治理应摒弃“由上而下”的单向治理模式，构建“自下而上—多方协同—广泛参与”的开放型治理体系。

4. 公共空间的持续拓展

公共空间不仅是村民日常活动的重要场所，也是公共性实现的具体载体，是社会关系得以维系、公共文化得以传播、集体认同得以凝聚的现实平台。现代治理目标要求重构具有生活气息与政治功能兼容的公共空间结构。

5. 公共价值的文化支撑

公共性不仅是制度安排，也是价值取向。推动乡村治理的公共性实现，必须构建以公共理性、责任意识、集体精神为核心的乡村公共文化生态。乡村社会若缺乏公共价值的文化土壤，即使制度齐全、机制完备，治理效果也难以持久。

第三节　乡村治理的要求与关键

一、乡村治理的要求

在迈向治理现代化的新阶段，乡村治理不再仅是权力运行的被动管理体系，而应成为面向农民全面发展、回应多元社会需求、协同各类主体力量的综合治理

网络。在新时代背景下，乡村治理面临治理结构的重组、治理能力的提升与治理手段的革新，必须明确治理的功能定位与实践方向。乡村治理的基本要求应聚焦于激发社会活力、重塑文化基础、保障民生福祉与促进城乡融合，通过统筹协调、结构优化与机制创新，为乡村治理的制度化、现代化奠定坚实基础。

（一）在治理中挖掘社会力量

在当前国家治理体系与治理能力现代化进程持续推进的大背景下，单一政府主导的乡村治理模式已难以全面覆盖日益多元的社会需求与复杂多变的治理场景。社会力量作为基层治理体系中的关键支撑性要素，正逐步成为破解治理困境、提升治理效能、优化治理结构的重要变量。当前学术界普遍认为，现代治理模式必须转向“多中心治理”与“协同共治”结构，这对如何识别、整合与激活乡村社会中的多元力量提出了更高要求。

有效挖掘社会力量，需从机制构建、组织赋能与结构嵌入三个方面着力。

1. 机制构建

在机制构建方面，应立足于健全制度化参与通道与多元协作规则，赋予社会力量以合法、稳定、常态化的治理空间。构建基于法治的合作平台，是打通国家治理体系与社会自治系统之间接口的关键。通过明晰社会力量在不同治理事务中的角色责任、权限边界与协作机制，有助于破解“责任虚化”与“功能错位”的治理难题。

2. 组织赋能

在组织赋能方面，须强化对乡村社会组织与非正式制度载体的支持与规范。一方面，社会组织的运行质量、专业水平与服务能力直接决定其参与治理的有效性，必须通过财政支持、能力培训与组织孵化等政策工具提升其治理介入能力。另一方面，对以乡贤、志愿者、农民专业群体为代表的非制度性社会力量，应注重其组织化路径，推动其与正式制度架构之间建立有序连接，从而实现“散点式动员”向“结构性参与”的转型。

3. 结构嵌入

在结构嵌入方面，社会力量的治理作用需通过制度渠道嵌入乡村治理的各

项功能体系。无论是公共服务供给、资源分配协调，还是利益冲突调解与社会心理支持，社会力量的参与均应纳入正式治理框架，与政府、村组织之间形成稳定的功能协同关系。这种结构性嵌入不仅是对现有治理资源的有效补充，更是推动基层治理体系从“线性管理”向“网络化协作”转变的关键支点。

在当代社会分化与结构转型背景下，社会力量的功能边界和行为方式也呈现出明显的多样性。因此，乡村治理实践必须从传统“引导参与”的逻辑向“制度嵌合—能力协作—信任生成”的综合路径迈进。通过构建清晰的治理网络结构，各类社会主体得以在治理中发挥自身独特优势，在公共事务中实现合法建构与协同互动，是推动乡村治理现代化不可或缺的方向。

（二）加强乡村精神文明建设

乡村精神文明建设作为推动治理现代化与社会现代性协同发展的重要文化工程，既承载着价值导向功能，又承担着秩序塑造与认同建构的根本任务。

当前，加强乡村精神文明建设的关键在于实现三个维度的同步推进：价值体系的构建、制度安排的嵌入以及文化机制的创新。价值体系构建应以社会主义核心价值体系为引导，推动乡村社会形成与现代国家治理相契合的主流价值框架。这一价值体系不应停留在口号层面，而需转化为具体的生活行为准则与情感认同资源，嵌入日常生活的微观场景。

制度嵌入要求精神文明建设成为乡村治理体系中的制度性组成部分。构建覆盖人居环境整治、乡风文明评议、移风易俗治理、公共文化参与等多个领域的规章制度体系，有助于将道德秩序与行为规范纳入正式治理流程中。在此过程中，村规民约、道德评议会等地方性制度装置应转化为规范化、程序化、可监督的文化治理机制，从而实现道德自律与制度他律的深度融合。

文化机制创新要求乡村精神文明建设必须具备适应性与发展性。面对新型社会结构、多元价值观与数字文化影响下的行为转型，传统的文化动员手段与传播方式难以全面适应并满足当代农民日益多样的精神需求与审美取向。为此，需要探索建立以数字媒介为基础、以社会组织为依托、以互动参与为手段的多层级文化传播机制，增强文化建设的吸引力、互动性与覆盖面。特别是在农村新生代群体中，应以多元文化内容、审美趣味与传播形式为抓手，激发其对乡村公共文化建设的兴趣与归属。

加强乡村精神文明建设还需关注集体认同的生成与维护。治理现代化不仅是技术层面的提升，更是制度信任与社会凝聚力的共同构建过程。引导村民在公共文化活动中达成价值共识，在志愿服务中体认集体责任，在乡村节庆仪式中强化社区情感，有助于增强村民对村庄的认同感与治理体系的合法性认知。

推动乡村精神文明建设走深走实，最终目标是培育具有公共性、自主性与创造性的村民文化主体，进而为实现全面推进乡村振兴与国家治理体系现代化提供坚实的文化基础与治理支撑。

（三）着力改善乡村民生

民生保障是乡村治理的核心内容，是国家治理体系现代化向基层延伸的现实体现。民生问题不仅关系乡村居民的基本生存状态，更深刻影响着群众对基层治理制度的信任程度与归属感。在新时代背景下，乡村民生治理更加强调公共服务的公平性、可及性与发展性，要求通过机制再造与结构优化，构建体系健全、运行高效、响应及时的民生治理体系。

当前改善乡村民生，关键在于构建“从生存底线到发展权利”的保障逻辑。在生活基础层面，应以全面满足村民对衣食住行等生活基本条件的现实需求为前提，通过提高基础设施建设水平，推动水利、电力、道路、通信等资源向薄弱区域倾斜，增强农村基础系统的稳定性与韧性。在服务层面，应扩大基本公共服务供给能力，在教育、医疗、社保、养老等关键领域加快实现服务体系城乡统筹、标准统一与资源共享，推动治理资源向农村倾斜。

实现从“物的满足”向“人的发展”跃升，还需注重民生服务的质量与适配性。传统供给模式难以覆盖当前乡村多样化、差异化的真实需求，需建立精准识别与分类响应机制，对不同群体的民生需求进行动态识别与差异响应。通过构建“服务目录 + 需求清单 + 响应机制”的弹性治理框架，提升民生服务供给的效能与群众的满意度。

同时，改善乡村民生还须拓展其发展的社会基础。乡村社会需引导村民从被服务对象转向共同参与者与治理协作者。在民生事务中强化村民自治组织、志愿服务队伍与合作机制的作用，激活社会性资源参与民生供给，有助于增强农村

社会的内生能力与自我修复机制，构建协同共建、共治共享的民生治理格局。

此外，推进数字技术与民生服务的深度融合，也是当前乡村民生改善的重要方向。借助大数据、云平台、智能终端等信息技术手段，可以在提升服务精准性、降低治理成本、扩大服务覆盖面等方面发挥积极效用。通过构建以“数字感知—动态响应—智能决策”为核心的基层民生服务平台，实现从“看得见”到“用得上”再到“管得好”的全过程动态治理模式，推动民生治理迈向智能化与体系化阶段。

（四）加速城乡一体化进程

城乡一体化是打破城乡二元结构、实现共同富裕战略目标的重要路径，是推动资源要素合理流动与公共服务均等化的治理战略安排。作为国家治理空间重构的重要组成部分，城乡一体化不仅是经济政策的延伸，更是制度体系、社会结构与治理方式的深度变革。乡村治理必须以城乡一体化为指导思想，构建“制度联通、结构耦合、功能互补”的治理框架，使城乡之间实现协调发展、融合共进。

推动城乡一体化，首先要以制度协同为基础。应强化城乡统一的财政转移支付机制，推动城乡社保、教育、医疗、户籍等关键制度的深度融合，打通政策传导链条。

其次，需要在空间结构上实现功能整合。城乡空间功能的分化会导致城乡产业脱节、生活方式割裂、服务体系分散，因此，必须通过规划引导与机制引导推动城乡空间的有机融合。在宏观层面，应构建以都市圈、经济带、产业链为核心的区域协同发展平台，增强乡村在区域治理中的联动地位；在微观层面，应以“中心镇—行政村—自然村”多级治理节点为基础，优化空间功能布局，重构城乡协同治理的组织逻辑。

再次，城乡一体化需通过要素流动机制保障协同发展。人才、资金、土地、技术等要素在城乡之间自由、合理、有效流动，是实现城乡资源重配与结构均衡的根本路径。在人力资源方面，应建立灵活的城乡人才交流机制，鼓励城市人才“下得去”、农村人才“留得住”；在土地制度方面，应完善集体经营性建设用地入市制度，激活农村土地要素的市场价值；在资金配置方面，应优化城乡金融服务结构，推动信用体系向乡村延伸，增强农业与农村融资能力。

最后，实现城乡一体化，还需关注治理体系的构建。应推动构建“区域统筹—平台联动—信息共享”的一体化治理体系，建立跨行政区、跨行业的协同治理机制。通过区域治理共同体、城乡治理实验区、政务服务一体化平台等载体，提高治理响应速度、资源配置效率与服务均衡能力。

推进城乡一体化不仅是物理空间的连接，更是治理逻辑的革新与主体意识的融合。乡村治理必须立足区域发展实际，推动城乡“治理资源—治理机制—治理文化”的三位一体融合路径，建立真正意义上的“城乡治理共同体”，实现共建共治共享的治理格局与现代化治理体系的协同演进。

二、乡村治理的关键

乡村治理的关键在于治理体系内部的核心机制是否健全、运行逻辑是否高效、参与力量是否协调。面对日益复杂的治理环境和多元的利益结构，乡村治理不仅要回应经济社会转型下的新问题，更需在制度体系、能力建设和技术应用等方面完成深度重构。治理机制是否科学合理，治理能力是否适应现实，治理工具是否匹配目标，将直接影响着乡村社会能否真正迈入治理现代化的轨道。

在这一背景下，强化乡村治理的关键，应聚焦于三个维度：通过增强治理主体能力，夯实治理运作基础；通过构建治理基本制度，形成稳定制度支撑；通过丰富治理手段，实现治理逻辑与实践手段的现代转型。这三者构成了新时代乡村治理体系内在结构优化与能力协同的核心动力。

（一）增强治理主体能力

治理主体能力是支撑整个乡村治理结构运行的核心支点。不同主体在治理体系中承担着不同角色与功能，其治理能力的强弱，决定着治理目标实现的可行性与治理活动运行的效率。随着治理模式从单中心向多元共治结构演进，治理能力的内涵亦从行政能力扩展至组织整合能力、政策执行能力、协同协调能力与社会动员能力的系统性能力结构。

提升基层党组织的治理能力，需要在组织体系、作用机制与引领方式上实现系统优化。党组织不仅是治理事务的引导者，更是资源整合者与社会动员者。

当前应强化党建引领基层治理机制，将党组织嵌入公共事务全过程，通过制度安排与机制设计强化其政治引领、议题设置与问题解决的功能。《中共中央 国务院关于加强基层治理体系和治理能力现代化建设的意见》已明确提出要加强以党组织为核心的基层治理体系建设，这为增强党组织治理能力提供了制度保障与政策支撑。

提升乡镇政府的治理能力，应推动其向服务提供者和协同引导者角色转换。在体制机制上，需加强职责边界清晰化、治理流程标准化和服务事项数字化，通过减少行政层级、推动政务流程简化、增强基层行政执行力，缓解“上热中温下冷”的政策落地失效问题。数字政府建设在这一进程中发挥着重要作用，通过数字化平台提升政府响应速度与服务精准度，增强其治理可达性。

加强村民自治组织的治理能力，重点在于激活其制度能动性与民主治理功能。应通过规范村民会议与代表会议制度、推动村规民约法治化、加强村务监督制度建设等方式，提升村民自治制度运行的法理性与操作性。同时，应重视村干部队伍的职业化与专业化培养，推动其由事务型管理者向治理型组织者转变，实现村级治理权力的制度化运行。

培育社会组织的治理能力，应建立起支持、管理与协同三位一体的发展机制。社会组织在环境保护、健康服务、文化传承、志愿治理等领域具有天然的治理嵌入优势。为实现其功能最大化，应加快社会组织法治化进程，完善评估与备案机制，强化对其专业能力、组织信用与服务绩效的动态监管。

增强治理能力，还需建立跨主体能力协同机制。单一主体能力提升不足以应对系统性治理挑战，需构建共建共享的多元合作机制，通过协同议题设置、资源共配机制、联合执行平台等路径，提升治理体系整体效能与韧性。

（二）构建治理基本制度

基本制度是乡村治理体系中最为关键的制度性安排，是维持治理秩序、规范行为逻辑与提供制度保障的核心机制。制度缺失、制度碎片化或制度形同虚设，都会导致治理效率低下、治理成本升高与治理信任削弱。构建科学合理、稳定高效的乡村治理基本制度，应从制度逻辑、制度运行与制度支撑三方面展开系统建构。

完善权责清晰的村级治理制度，是乡村治理制度建设的首要任务。应依据《中华人民共和国村民委员会组织法》精神，明确村党组织、村民委员会与村务监督委员会之间的职责区分与职能协作机制，防止治理结构重叠导致的制度内耗。建立职能协同、决策监督相互制衡的组织机制，确保治理行为在制度轨道内运行。

构建村民协商制度，是实现治理程序正当性与民意有效表达的重要保障。协商治理作为基层民主制度的重要内容，应从“程序设置—主体覆盖—议题选择—结果反馈”四个维度，构建以协商为基础的公共事务处理机制。村级议事协商平台应实现常态化运作，避免协商过程流于形式或受制于个体权力主导。

健全公共资源配置制度，是增强治理公平性与效率性的核心支柱。在村级事务中，集体经济、项目资源、公共支出等分配制度设计直接关系到群众利益感知与治理合法性认同。应通过建立“公开透明—民主决策—过程监督—绩效评估”的治理闭环，实现资源配置的合理化、制度化。尤其在土地流转、资金管理与基础设施建设等事务中，应有明确的程序规范与问责机制，防止资源失配与治理腐败。

推动法治嵌入乡村治理制度体系，是实现治理现代化的根本路径。应在法律授权基础上明确各类制度设计的合法性边界，通过将村规民约纳入地方性法规框架、推进“法律顾问村村全覆盖”、强化乡村法治教育等举措，构建以法律为核心的治理行为准则体系。法治不仅约束权力，也保护权利，是制度运行的底层逻辑。

制度运行的有效性还依赖配套机制的构建。绩效考核、民主评议、责任追究、问责问效等制度配套体系应形成合力，推动治理制度“建得好、立得住、行得通”。同时应建立制度评估与更新机制，确保制度供给具有弹性、适应性与发展性，避免制度僵化或制度滞后对治理效能造成削弱。

（三）丰富治理手段

在治理目标愈加多元、治理对象日益复杂的现实背景下，传统单一的管理手段已难以满足现代乡村社会治理的实际需求。丰富治理手段，不仅是提升治理绩效的策略选择，更是治理理念现代化的实践体现。有效的治理手段应具备多样

性、适配性与协同性，能够因地制宜应对不同类型的治理议题，形成精细治理、柔性治理与智慧治理的复合手段体系。

推动科技赋能，是当前乡村治理手段转型的重要方向。数字化治理平台建设可以实现对基层事务的实时感知、快速响应与精准服务。建设“数字乡村大脑”“村级治理一张图”“智能网格化治理系统”等平台型工具，使村务公开、人口管理、风险预警、政策传播等事务实现数据驱动、系统支撑。在大数据、物联网与人工智能等技术支撑下，乡村治理手段正由“经验依赖型”迈向“算法支撑型”，显著提升治理的科学性与前瞻性。

提升参与式治理手段，是构建协同治理格局的重要路径。传统“命令—执行”式治理模式应转向“沟通—协作—反馈”型治理机制。通过设置协商平台、互动议题机制、共建项目机制等形式，调动村民主动参与治理过程的积极性与创造性。参与式治理不仅增加了治理过程的民主性，还增强了政策实施的接受度与可持续性，是治理合法性与治理效能的双重保障。

引入激励型治理手段，是提高治理行为动能的重要方式。通过政策引导、正向激励与荣誉体系构建，激发各类主体在公共事务中的自发性与积极性。例如，设置积分制管理、村民议事荣誉榜、志愿服务兑换机制等，在制度与文化双重激励下推动村民自我治理、自我服务、自我发展。

重视柔性治理手段的作用，有助于在权力有限、结构复杂的村庄情境中实现“润物无声”的治理调节。借助乡贤议事、道德评议、关系调解等传统治理智慧，辅以制度规范与现代工具，可实现规范治理与情感治理的融合共进，提升治理温度与亲和力。

治理手段的多样化与系统化，最终目的在于实现“权力运行规范化、服务供给精准化、参与机制多元化、社会关系和谐化”的治理新格局，是推动治理体系与治理能力现代化协同发展的重要保障。

第四节　乡村治理的理念与保障

一、乡村治理的理念

治理理念作为社会治理体系的思想基础与价值指引，深刻影响着治理模式的演化逻辑与实践路径。当前，乡村社会结构、资源配置、主体构成及治理需求呈现出显著的多元化与动态性特征，对治理理念的系统性、规范性与协同性提出了更高要求。在国家治理体系和治理能力现代化不断推进的大背景下，乡村治理必须超越以往单一、碎片化的路径依赖，确立起系统化、法治化、综合化与协同化的治理理念，实现治理理念与治理实践的深度对接与统一。

（一）系统化治理

系统化治理强调治理结构的有机统一、功能逻辑的耦合协同与目标导向的结构统筹，是破解治理碎片化、资源错配与执行偏差的重要路径。推进系统化治理，需在治理理念层面确立整体性、互补性与层级性的系统逻辑。

整体性要求治理要素之间形成统一而协调的架构，打破“部门分割—职能独立—信息孤岛”的治理壁垒，推动形成“规划统一—政策协同—执行联动”的系统运行机制。通过构建覆盖乡村生态、经济、社会、文化等多维领域的治理框架，实现村级组织、政府部门与社会力量之间的纵横贯通。

互补性强调功能模块之间的协同嵌套，推动不同治理子系统在目标达成中的互补协作。应通过构建“议事—决策—执行—反馈”闭环结构，优化任务流动路径与资源投配逻辑，使各治理环节之间形成“非线性嵌套—横向支持—纵向递进”的复合协作关系。

层级性要求不同治理层级之间权责清晰、路径通畅，避免“上下错位”或“中梗阻”现象。在这一过程中，应明确村级治理的自主空间，赋予其在地问题处理与本土资源调度的制度保障。同时构建有效的跨层级协调机制，实现上级引导与

基层能动性的动态均衡。

系统化治理理念本质上是一种结构合理、目标导向、机制闭环的运行方式，要求治理体系在整体性与分工性之间寻求均衡，是实现治理现代化的结构性前提。

（二）依法治理

依法治理是现代国家治理体系的根基性理念，是实现治理秩序正当性、行为规范性与结果可控性的基本路径。乡村治理的依法化，不仅体现在制度体系的健全，更体现在法治精神的普及与法治行为的落地。推动依法治理成为乡村治理的主流理念，是重构治理权威与提升治理效能的必要前提。

构建依法治理理念，首要任务是提升基层治理的法治意识。治理行为必须建立在法定授权基础上，实现职能运行与制度规定的内在统一。村级组织在治理实践中应具备明确的法律责任边界，避免以“惯例”代替“规则”、以“经验”替代“程序”的治理方式。

完善基层法治制度体系，是推动依法治理理念落实的关键路径。当前以《中华人民共和国村民委员会组织法》《中华人民共和国乡村振兴促进法》《中华人民共和国农村土地承包法》等为核心的法律体系已初步建立，但其在乡村层面的落地效果有待进一步加强。应推动地方性法规与村规民约之间的衔接机制建设，强化“法定职责 + 自治规范”的复合治理结构，确保法治原则在制度层面实现刚性约束。

提升村民法治素养与权利意识，是实现依法治理的社会文化基础。应通过持续性的法治宣传教育、村民法律讲堂、驻村法律顾问等多元路径，增强村民对法律的认知度、认可度与运用能力，使“尊法、学法、守法、用法”成为村庄治理文化的重要组成部分。

依法治理不仅是规范治理的手段，也是实现治理正义与公共信任的制度保障。在推进乡村治理现代化进程中，法治应成为治理价值体系中的基础性支柱，确保治理行为的合理性、规范性与持久性。

（三）综合治理

综合治理理念强调对乡村治理中多元事务的统筹兼顾与协同处理，旨在打破领域分割、功能分散的治理格局，实现不同政策目标、治理对象与执行资源之间的协同优化。在当代乡村社会中，环境保护、产业发展、文化建设、人口流动等议题相互交织，治理对象的复杂性与交互性要求治理理念从条块管理向综合统筹升级。

综合治理的核心逻辑在于整合资源、整合手段与整合目标。资源整合要求政府部门、社会组织、村级主体与市场力量之间实现有效联动，推动治理资源跨界流动与动态配置，提高治理体系的整体效率。手段整合要求将行政、法律、技术、文化等多维手段综合运用于同一治理议题中，实现刚性治理与柔性引导的有机结合，形成“制度 + 服务 + 参与”的多维手段组合。目标整合要求在治理过程中统一价值导向与目标导向，避免因不同职能部门各自为政而造成目标冲突或行为错位。应通过建立协调机制、政策审议平台与绩效反馈体系，使各类治理目标实现协同推进。

综合治理强调对不同类型问题的精细识别与分类施策。对突发事件应依靠应急机制、快速反应与多方协同；对常态事务应推动制度治理、流程治理与平台治理三者协同；对结构性难题则应采用政策创新与试点推进相结合的方式，推动治理体系不断升级与演进。

作为治理理念，综合治理不是治理事务的简单叠加，而是治理逻辑的重新整合与功能重构，是构建复合型、弹性化、韧性强的治理系统的内在逻辑起点。

（四）协同治理

协同治理理念回应的是治理主体多元化与治理结构网络化趋势下的合作需要，是推进多方力量共建共治共享格局的思想支点。协同治理理念的提出，旨在通过多主体间的任务分工、资源共享与机制互动，建立共治共管的良性关系。

协同治理的关键在于激活多元主体的治理潜能。在乡村治理中，不仅包含政府与村组织两个传统主体，也应充分吸纳社会组织、合作社、乡贤群体、志愿者网络与企业主体等在内的多样化社会力量。协同治理理念强调各类主体依据其

能力、资源与角色特征参与不同层级与类别的治理事务，形成“主体—职能—项目”三维配比。

协同机制的建构是实现协同治理理念落地的技术核心。需建立常态化沟通平台，推动信息共享、议题共识与决策协商；建立多元共治清单，明确各主体参与事项、责任边界与协作流程；构建协作型责任体系，推动“横向协同—纵向统筹”双层结构融合。

推动协同治理理念的深度嵌入需以制度创新为引导。通过多方议事制度、共建共管机制、项目合作平台等形式，为各主体提供制度性参与渠道；通过绩效评估、协同奖惩、共治考核等激励机制，强化协同行为的持续性与制度性；通过数字化平台推动资源匹配与任务调度的智能化，实现治理协同向数据驱动转型。

协同治理理念的深远意义，在于构建一个责任共担、成果共享、风险共控的治理生态系统，使乡村治理在不确定性增强的治理背景下具备更强的适应性、协同性与可持续性。

二、乡村治理的保障

治理理念的实现与治理目标的达成，离不开强有力的制度支撑、资源供给与能力保障。在乡村社会治理体系不断走向现代化的背景下，如何建构一套具有系统性、协调性与持久性的治理保障机制，成为推动治理实践落地与结构转型的核心议题。保障体系不仅要回应治理资源的配置问题，更需围绕制度正当性、工具适应性与主体能力进行系统设计。在新时代，乡村社会治理的保障路径应聚焦于法治保障、网络支撑、政策牵引与人才驱动的综合体系构建。

（一）以法治为武器

将法治确立为治理保障的核心支点，体现出现代国家治理体系以规范为基础、以权利为边界、以秩序为目标的制度逻辑。乡村社会治理活动广泛、事务复杂、行为多样，唯有以法治作为权力制约与权利保障的制度根基，方能实现治理的制度化、程序化与理性化。

在立法方面，应构建以《中华人民共和国乡村振兴促进法》为统领，与《中

华人民共和国村民委员会组织法》《中华人民共和国土地管理法》《中华人民共和国农村集体经济组织法》等相互衔接、互为支撑的基层治理法治体系，确保各类治理事务均有明确法律依据。地方性法规与乡村治理惯例之间的关系也需进一步理顺，通过“法定程序 + 民间自治”模式构建权威且灵活的制度结构。

在制度运行方面，应推动村级治理行为全面纳入法治轨道，完善村务决策、村级财务、土地流转、资源分配等核心事务的法律程序指引与监督机制。引导基层干部依法履职、依法执政，形成“法无授权不可为、法定职责必须为”的治理文化认同。

在法治文化建设方面，应将法治宣传与法治教育制度化、体系化、常态化运行。推广“法律明白人”工程、村级法律顾问制度与公共法律服务平台建设，通过普法课程、案例讲解与服务咨询提升村民的法律意识与维权能力，使村庄治理活动中“法律意识—制度遵循—理性表达”成为基本逻辑。

将法治作为治理“武器”，其意义不仅在于治理秩序的确立，更在于治理正当性的建构与治理信任的生成，是推动乡村社会形成规则治理与理性共识的根本保障。

（二）以网络为依托

数字基础设施与网络平台的普及，为乡村社会治理注入了前所未有的技术动能。在信息化、数字化、智能化加速发展的背景下，网络不仅是信息传播与资源整合的重要载体，更是提高治理效率、拓宽治理空间与实现精细化管理的重要依托。以网络为依托构建治理保障体系，核心在于实现治理结构的信息化重塑与治理逻辑的数据化转型。

在治理基础设施方面，应推动“互联网 + 基层治理”平台建设，集政务服务、数据管理、公共事务、民意反馈等多功能于一体，形成“数据采集—问题识别—指令分发—结果反馈”的闭环运行模式。实现村级事务在数字平台上可感知、可追踪、可反馈，破解信息不对称与流程不可视等治理盲区。

在数字服务供给方面，应借助网络平台提高政务服务的便捷性与智能化水平，推动户籍办理、社保申领、农机补贴、危房申报等业务线上办理、无纸化流转，提升群众满意度与治理回应力。尤其是在灾害应急、环境监管等高时效性事

务中，数字化平台的集成效能体现出治理效率的显著跃升。

在治理互动机制方面，应构建线上线下相结合的民主协商平台，依托微信群、社区 App、视频会议系统等载体，拓宽村民议事协商、信息公开与诉求表达的渠道，缓解群众参与的物理成本与时间限制，推动形成“全天候、低门槛、常互动”的治理对话机制。

应加强网络基础设施在边远农村地区的全覆盖建设，解决“数字鸿沟”制约问题，避免因技术落差而加剧地区之间、群体之间的治理不均衡。在此基础上，通过信息素养提升计划与技术培训项目，提高农村居民的数字认知能力与使用能力，促进数字治理生态的可持续发展。

网络平台的深度嵌入，不仅优化了治理手段，更重塑了治理结构，是实现乡村治理模式系统性变革的重要基础依托。

（三）以政策为根基

治理保障体系的构建不仅依赖制度结构的完备性，也深度嵌入政策设计与政策执行的逻辑。在治理实践中，政策作为国家意志的现实表达，既是调节资源分配、配置公共产品与引导治理行为的操作工具，也是统筹治理目标与治理路径的制度框架。将政策作为乡村治理保障的根基，关键在于构建清晰、稳定、适应性强的政策体系。

在政策体系设计方面，应注重政策的一致性、层级协调性与实施可操作性。中央政策应保持战略导向稳定，并通过省、市、县多级政策接续实现执行的连续性与路径清晰性，避免政策传导过程中的失真与空转。应对村级事务中反映出的具体问题建立政策回应机制，实现“治理实践—问题发现—政策制定—执行跟踪”全过程闭环。

在资源保障政策方面，应强化财政体制改革在基层治理中的推动作用，建立与乡村治理任务相匹配的财政转移支付机制、专项补贴机制与激励引导机制。对承担基本公共服务、治理创新与公共设施建设等任务的村级组织，应给予明确、稳定与长期的财政支持，以增强其履职能力与服务供给能力。

在政策工具创新方面，应拓展政策工具体系，推动“指令性—引导性—激励性—协商性”政策工具的合理配置。通过试点推广、绩效导向、差异化治理等

方式，提高政策工具的适应性与精准性，避免政策“一刀切”或“悬空化”。

在政策执行机制方面，应强化基层治理体系的执行力与反馈能力，推动“政策下达—事项落实—效果评估—政策修订”机制化运转。建立动态评估机制，跟踪政策实际效果，适时调整优化，使政策在保障治理的同时不断提升治理效能。

政策作为国家意志在基层治理中的实施框架，其科学性与协调性直接决定着治理系统的稳定性与目标达成度，是支撑治理体系长效运行的制度根基。

（四）以人才为动力

人才是推动治理体系持续演化与优化的第一资源。在乡村治理中，无论制度设计多么科学，平台机制多么先进，若缺乏具备专业能力与公共意识的人才队伍参与，治理结构便难以高效运行。将人才视为治理保障的核心动力，要求构建一套涵盖选拔、培养、激励与使用的综合型乡村治理人才体系。

在治理骨干队伍建设方面，应注重村“两委”班子能力结构的优化，推动其向“政治可靠、服务能力强、治理经验足”的复合型转型。通过党校培训、治理实训、交叉挂职等方式，提高其治理知识结构、政策理解能力与公共事务管理水平。

在乡村专业人才培育方面，应构建本土人才与外来人才“双向融合”机制。鼓励高校、科研院所与地方政府联合培养具备政策素养与技术能力的“新乡村治理人才”；推动“乡村治理研究基地”“大学生驻村项目”等载体落地基层，促进治理人才“学用合一”。

在人才激励保障机制方面，应探索分类激励模式，对长期从事基层治理工作的优秀人才给予政治激励、职务晋升、经济补贴与社会保障等多维度支持；对社会组织人才、科技服务人才、返乡创业人才等参与治理的社会力量，也应在制度层面予以身份认定与激励支持。

应推动建立“人才数据平台”“人才画像系统”“能力认证机制”等数字化人力资源管理工具，实现治理人才的可识别、可调配与可持续使用，为乡村治理持续提供动态支持与智力支撑。

治理结构的现代化归根结底依赖人才体系的现代化，以人才为核心动力保障，是实现治理能力结构性跃升的关键机制。

第二章　乡村治理现代化的核心内容

第一节　乡村治理现代化的理论基础

一、乡村治理现代化的理论框架

（一）现代化理论与乡村治理

现代化理论是社会学、政治学、经济学等领域的重要理论之一，最早起源于对西方工业化进程的分析。乡村治理现代化的核心理念，是将这一理论应用于乡村社会发展之中，构建一个现代化的治理体系。它不仅包括乡村经济建设，还包括社会结构的变革、文化理念的更新、环境保护的加强等多个方面。乡村治理现代化意味着政府、企业、社会组织和农民之间的互动关系发生根本性变化，从传统的政府主导型转变为多主体参与型。这一转型背后离不开信息技术的发展与普及，尤其是数字化技术对乡村治理的推动作用。

现代化理论强调国家、社会和经济的协同发展，而这一理念同样适用于乡村治理。在乡村治理的现代化过程中，国家层面的政策支持和资源配置起到关键作用，然而，社会力量和民间组织的参与，尤其是农民自身的力量同样至关重要。通过数字化技术的支持，乡村治理逐渐实现了信息化和智能化发展。信息平

台、电子政务、数据分析工具等手段使乡村治理不再依赖单纯的行政命令，而是通过数据驱动、精细化管理来提高治理效率。

（二）行政管理理论、公共治理理论与乡村治理

行政管理理论在乡村治理中的应用，主要表现在政府主导的角色与责任。乡村治理的现代化不仅需要行政管理手段的提升，更需要政府职能的转变。传统的乡村治理方式多以行政命令和指令式管理为主，但这一模式在面对多元化、复杂化的社会问题时，往往显得滞后和低效。因此，如何从“行政主导”到“社会共治”转型，是乡村治理现代化过程中面临的核心挑战之一。

公共治理理论为这一转型提供了理论支持。该理论主张通过社会各方力量的广泛参与，建立一个多元共治的治理结构。这种结构不仅包含政府，还应涵盖村民、乡村企业、非政府组织等不同主体。乡村治理的现代化要求政府转变为服务型政府，不仅要制定政策和法规，还要通过平台和服务的方式为农民提供便利，解决实际问题。数字平台作为这一转型的重要工具，通过提供信息共享、政务公开、在线咨询等功能，使乡村治理的过程更加透明、开放和灵活。

公共治理理论强调决策透明、执行高效、监督有力，尤其是通过信息技术的手段，强化基层治理和民众的参与。例如，电子政务平台和社会服务平台的建设，不仅加快了信息的传播速度，也使民众能够及时反馈自己的需求和建议。这种多方参与的机制，有助于提高治理效能，增强社会的信任感和凝聚力。

（三）从治理到治理能力的提升

从治理到治理能力的提升，实际上是在乡村治理的基础上，进一步推动治理效能的提高。治理能力的提升不仅体现在行政效率的提高，更涉及社会结构、政策执行、公共服务等各方面的综合优化。在这个过程中，治理不仅是“做事”的过程，更是“做对事”的过程。这意味着乡村治理不应仅仅停留在执行政策上，还要注重政策设计的科学性和针对性，做到因地制宜、精准施策。

提升治理能力，首先要求在制度和体制上进行创新。现代乡村治理的一个重要特征就是数据驱动。通过数字技术的引入，乡村治理的决策过程可以变得更加科学和高效。数据采集与分析，可以对乡村的实际问题进行精准识别和解决。

例如，农业大数据分析，可以为农民提供精准的种植建议，帮助他们减少资源浪费、提高农作物产量；而基于人口、环境、经济等数据的精准规划，能为乡村的基础设施建设提供科学依据。

其次，提升治理能力需要培养一支高素质的基层治理队伍。现代乡村治理的核心要求之一就是提升基层干部的综合能力，这不仅包括政策执行能力，还包括数字技术的应用能力。政府部门需要加强对基层干部的信息化培训，使其能够熟练运用数字技术，提高其解决问题的效率。例如，在智慧农业推广中，基层干部要懂得如何运用数字平台为农民提供实时的种植建议和市场价格预测，帮助他们作出科学决策。

最后，提升治理能力包括构建更加高效的决策和反馈机制。乡村治理中的决策者需要根据实际数据进行决策，同时要能够及时得到反馈，以便调整和优化政策。数字技术的引入，使政府可以通过实时的数据采集与分析来作出更加灵活的决策。通过大数据平台，乡村治理中的各项事务可以实时监控和调整，确保政策能够快速反映民众的需求，并有效解决社会矛盾。

综合来看，乡村治理能力的提升不仅是治理技术的进步，也是社会结构、管理模式和政策执行的全面升级。通过数字化、信息化的手段，乡村治理实现了从传统的“计划经济”到现代化“数据治理”的转变。这一过程不仅推动了乡村经济的发展，也提高了乡村治理的质量和效率。

二、现代治理理论与乡村治理实践的结合

（一）治理理论的演变与实践转化

治理理论经历了从传统的国家主导到多元参与的逐步转变，反映了社会组织形式、经济形态、文化观念的深刻变化。20 世纪中期，随着社会分工的细化和市场经济的兴起，治理理论开始强调去行政化、去中心化，重视社会自治和市场的作用。这一转变逐步影响到乡村治理的实践，促使传统的以行政为主导的治理方式向更加注重社会参与、合作共治的模式过渡。

随着全球化和信息化进程的推进，治理理论更加注重网络化和分布式治理

的思想，尤其是在乡村治理的具体实践中得到了广泛应用。现代乡村治理理论强调政府、市场、社会三方的互动和合作。乡村的复杂性和多样性决定了单一的治理模式难以满足实际需求，这要求在实践中引入多元主体和协同机制，形成互补与互动的治理格局。

数字技术的发展，也对治理理论产生了深刻影响。数据采集、分析、共享和决策的智能化，使乡村治理不仅依赖政府的行政命令，还依赖信息流和数据流的流动。在这一过程中，数字技术成为乡村治理的“催化剂”，推动了传统治理理论的实践转化和实践模式的创新。

（二）乡村治理的多方合作与协同机制

乡村治理的复杂性不仅体现在地域广阔、人口分散等方面，还表现在乡村的多样性与特异性上。不同地区的经济结构、文化背景、生态环境等方面的差异，使乡村治理需要综合考虑多种因素，强调灵活性和适应性。为了应对这些挑战，乡村治理逐步形成了一种多方合作、协同运作的机制。

这种协同机制包括政府、市场、社会、乡村居民等多方力量的共同参与，每个参与主体都发挥着独特的作用。政府作为政策制定者和执行者，主要负责宏观政策的指导和治理框架的构建；市场作为资源配置和经济活动的主体，提供经济驱动和商业逻辑的支持；社会通过社会组织、村民自治和公益活动，发挥社区自我管理和自我发展的作用；乡村居民作为治理的直接受益者和参与者，在治理过程中不仅要提供信息反馈，还要参与决策和监督过程。

数字技术在这一协同机制中扮演了重要的角色。例如，为推行乡村振兴，政府利用数字化平台，及时发布政策信息和资源配置方案，并通过网络平台收集农民的意见和建议。市场主体通过电子商务平台、智能农业等数字工具为农民提供生产和销售的服务。社会组织和公益项目则通过线上线下结合的方式，为乡村提供资金、技术和培训等支持。乡村居民通过智慧手机、社交媒体等平台，积极参与信息发布、意见反馈和资源需求的表达，形成了信息共享和协作互动的良性循环。

这一协同机制的构建不仅提高了乡村治理的效能，还提升了乡村居民的参与感和归属感。在以数字技术为依托的协同治理模式下，乡村治理不再是单一政

府行为的延伸，而是一个多方协作、共同推动的过程。通过协同机制的推动，乡村治理能够更好地结合当地实际，采取因地制宜的措施，形成更具针对性和有效性的治理方案。

三、社会治理视角下的乡村治理模式

（一）社会治理与乡村集体经济的结合

社会治理视角下的乡村治理模式强调的是社会各方力量的有机结合和互动合作。在这一框架下，乡村集体经济的构建不仅是经济发展的需求，也是社会治理的重要组成部分。乡村集体经济作为乡村治理的一部分，不仅是经济组织，也是社会治理的基础和载体，它对改善乡村治理模式、提高乡村治理效率和增强乡村自我发展能力起着至关重要的作用。

乡村集体经济的现代化不仅是经济资源的整合，也是乡村社会结构重组的重要途径。乡村集体经济的良性发展可以在一定程度上解决土地流转、资金不足等一系列乡村治理中的问题。传统的乡村治理往往侧重政府的行政管理和资源分配，而社会治理视角下的乡村治理则要求通过集体经济组织来推动乡村经济发展和社会共同利益的实现，减少对外部资源的依赖。

在这一过程中，乡村集体经济和社会治理相结合的实践已得到诸多地方的探索。例如，某些乡村通过发展集体经济组织，如农业合作社、农民专业合作社等，提升了农村经济的规模效应和市场竞争力，同时，集体经济组织也成为乡村社会治理的参与主体。通过这种方式，乡村集体经济不仅能提供经济发展支撑，还能通过参与乡村治理，提供社会保障、环境保护等方面的服务，推动乡村整体社会结构的和谐发展。

（二）社会服务与民生需求的对接

乡村治理模式的创新，不仅是政府职能的转变，也是在社会服务领域的深刻变革。乡村居民的民生需求日益多样化、复杂化，传统的政府主导模式已经难以全面覆盖乡村居民的各类需求。在这一背景下，社会服务在乡村治理中的作用

愈加重要，它不仅是乡村治理的核心内容之一，也直接关系乡村全面振兴规划的实施效果。

现代社会治理模式强调政府、市场和社会的共同参与，特别是社会服务在满足乡村居民民生需求方面的独特作用。社会服务的主体不仅包括政府部门，还包括社会组织、非政府组织、公益机构等。这些主体在乡村治理中通过提供教育、医疗、文化、环境保护等公共服务，直接影响着乡村居民的生活质量和社会福祉。

例如，随着农村居民收入水平的提高和教育需求的增加，乡村的教育服务逐渐由传统的政府主导模式向社会合作模式转变。除了政府部门设立学校、提供教育资源，越来越多的社会组织和企业也参与乡村教育事业。例如，互联网科技企业和在线教育平台为乡村提供了远程教育服务，帮助乡村学生打破了地理和时间的限制，获得更高质量的教育资源。

类似的情况也发生在医疗服务领域。过去，乡村医疗服务往往由地方政府提供，但随着乡村居民对健康水平的关注不断增加，传统的医疗资源供给模式已无法满足需求。为了更好地对接农村民生需求，越来越多的社会组织和民间力量开始介入乡村医疗服务提供过程。例如，公益性医疗组织和志愿者服务团队通过“远程诊疗”“健康管理平台”等方式，为乡村居民提供高效、便捷的医疗服务。同时，一些企业也通过智能健康设备和数据平台，将先进的医疗技术带到乡村，提高乡村医疗的智能化和个性化水平。

通过这一系列的社会服务对接机制，乡村治理不仅发生在基础设施建设和物质条件改善的层面，还深刻触及了民生领域，尤其是在教育、医疗、养老等方面的社会服务。这些创新的服务模式体现了社会治理视角下乡村治理的多维性和综合性。

（三）社会治理的创新实践与乡村居民参与

社会治理的核心在于多方协作、共治共享，而乡村居民作为治理的直接受益者和参与者，如何积极参与社会治理的过程，成为实现乡村治理现代化的关键。乡村治理的创新实践不仅在于制度设计和技术应用的推动，更重要的是如何激发乡村居民的治理主体意识，增强其在治理中的参与感和责任感。

乡村治理的创新实践强调乡村居民的主动参与，特别是在乡村公共事务的

管理和决策中。在社会治理模式下，乡村居民的参与不局限于接受政策和服务，还要通过参与决策、监督和反馈等方式，成为乡村治理的主动推动者。

近年来，数字技术的发展为乡村居民参与社会治理提供了更加便捷的渠道。通过网络平台、社交媒体、乡村治理 App 等，乡村居民可以更加直接地参与治理。例如，在一些乡村，政府通过建立“数字村务平台”，让居民可以通过手机 App 查询村务信息、提出建议、参与在线投票等。这种数字化的参与形式，使乡村治理更加开放、透明，也使居民的意见和需求能够更加迅速地反馈到政府决策层。

此外，社会组织和非政府组织的介入，为乡村居民提供了更多的参与机会。许多社会组织通过组织文化活动、乡村建设、环境保护等公益项目，推动居民参与乡村治理实践。乡村居民通过自发的组织和参与，不仅能够在日常生活中体验到社会治理的成效，还能在更深层次上实现对社区的归属感和责任感。

第二节　乡村治理现代化的主要目标

一、促进乡村经济的可持续发展

乡村经济的可持续发展是乡村治理现代化的核心目标之一，随着乡村全面振兴规划的深入推进，如何在保证经济增长的同时，实现生态保护与资源利用的和谐发展，成为乡村治理面临的重要课题。乡村经济的可持续发展不仅需要实现绿色转型、产业升级和农民收入的双提升，更需要推动乡村小微企业和农业创新经济的繁荣发展。现代乡村经济的发展不能单纯依赖传统农业模式，而应在多元化的经济体系中形成绿色、智能、创新驱动的增长路径。

（一）乡村经济发展的绿色转型

乡村经济发展的绿色转型是现代化乡村治理的首要任务之一。长期以来，

乡村经济的传统模式多以农业生产为主，伴随的是资源的过度消耗与环境的破坏。在全球气候变化和生态环境日益恶化的背景下，乡村经济必须实现绿色发展，推动生态文明建设。这一转型不仅要求产业发展方式发生根本变化，还要求乡村社会的生产生活方式向环保、节能、循环利用的方向发展。

绿色转型的实现依赖多方面的政策支持与技术创新。在农业生产领域，绿色种植和绿色农业技术的推广是转型的关键。近年来，智能农业技术的应用，如精准灌溉、智能温控、无人机植保等手段，正在改变传统的农业生产方式。采用低碳、环保的技术手段，能够在减少化肥和农药使用的同时，提高农业生产效率，减轻环境负担。

此外，乡村绿色经济还包括生态旅游、绿色能源和乡村环境保护等领域。生态旅游作为乡村绿色转型的一部分，通过保护自然资源、合理开发旅游项目，不仅促进了乡村经济的增长，还提升了当地居民的环境保护意识。在能源方面，许多乡村开始推广太阳能、风能等可再生能源项目，实现能源供应的绿色化，降低乡村经济对传统能源的依赖。

（二）乡村产业升级与农民收入的双提升

乡村产业的升级是乡村经济可持续发展的另一个关键环节。传统的农业产业面临着产能过剩、效益低下、生态破坏等问题，而现代乡村经济的发展则离不开产业结构的优化与升级。产业升级不仅是提高乡村经济发展质量的必要途径，也是增加农民收入、推动乡村全面振兴的重要保障。

在乡村产业升级的过程中，数字技术和现代科技的应用起到了至关重要的作用。传统农业通过智能化、自动化的技术手段向现代农业转型。例如，许多乡村通过引入智能农业技术，实现精准化的作物管理，减少了资源浪费，提高了产量和质量。同时，现代农业科技还可以通过基因工程、生态农业和水土保持等方式，帮助乡村摆脱单一的传统种植模式，走上多元化的农业发展道路。

农业产业的多样化不仅能够提升农业的经济效益，还能在一定程度上增加农民的收入来源。例如，许多乡村依托本地特色农产品开发了深加工产业，增加了产品的附加值，推动了农业产业链的延伸。同时，随着乡村旅游业和农产品电商的发展，农民通过与旅游和电商平台的合作，进一步拓宽了收入渠道。

乡村产业的升级不仅关乎农业产业本身，还包括乡村非农产业的发展。近年来，许多乡村通过发展乡村手工业、乡村旅游和休闲农业等新兴产业，促进了乡村经济的多元化。这些产业不仅为乡村创造了大量的就业机会，也为农民提供了更多的收入来源。随着乡村产业的多元化，农民的收入来源更加多样化，从单一的农业收入转向多渠道的收入结构，这一过程也推动了乡村社会结构的改善和生活质量的提高。

（三）乡村小微企业和农业创新经济的繁荣发展

乡村经济的现代化离不开乡村小微企业的蓬勃发展和农业创新经济的不断崛起。随着国家政策的倾斜和市场需求的变化，越来越多的小微企业在乡村地区涌现，这些小微企业不仅为乡村经济提供了新的活力，还推动了农业产业的转型与创新。

乡村小微企业的崛起，离不开数字技术的推动。许多乡村通过互联网平台、物联网技术等手段，打造了具有地方特色的产业集群。电商平台的发展为农民提供了直接面对消费者的渠道，打破了传统农业销售模式中“中介环节”的限制。通过数字技术，乡村小微企业能够更加精准地把握市场需求，实现定制化生产和精细化管理。

在农业创新经济方面，科技型农业企业和创新型农业模式正逐渐成为乡村经济的新亮点。以农业科技为基础的创新型企业，通过创新的农业产品研发和技术服务，推动了乡村产业的升级。例如，基于大数据和云计算的农业智能化管理系统，能够实时监测农田的土壤质量、水分、气候变化等因素，为农民提供精准的农业生产建议。同时，生物科技、智能制造等新兴技术的应用，也正在推动农业产业的智能化和高效化，帮助农民提高产量和质量，减少生产成本。

此外，农业创新经济还包括农产品加工、农业废弃物资源化利用等领域。一些乡村通过推动农业废弃物的循环利用，发展农产品加工产业，在减少环境污染的同时，也增加了农民的收入。通过这些创新型的小微企业，乡村不仅能实现经济的多元化，还能提升产业链的价值，推动乡村经济可持续发展。

二、乡村社会的和谐稳定

乡村社会的和谐稳定是乡村治理现代化的重要组成部分。实现社会的和谐稳定，不仅是促进乡村全面振兴的基础，也是保障乡村经济、文化、生态等各个方面可持续发展的前提。随着农村社会结构的变化、农村劳动力外流、信息化程度提高以及现代化进程的推进，乡村社会的治理面临着多方面的挑战。在这一背景下，乡村社会的和谐稳定依赖有效的社会治理机制、资源的合理配置以及科学的社会风险预警体系。

（一）社会治理与乡村治安管理的结合

乡村治安管理作为社会治理的重要内容，一直是乡村治理的核心任务之一。随着社会环境的复杂化，传统的治安管理手段已经无法满足现代化乡村治理的需求，尤其是在互联网时代和信息化发展快速推进的背景下，治安问题的复杂性进一步加剧。因此，社会治理与乡村治安管理的结合，不仅要注重治安问题的应急处置，也需要加强治安管理的前瞻性与长远性。

现代社会治理理论提出，治安管理不仅是政府的职责，也需要社会各界的共同参与。在乡村治安管理中，地方政府需要发挥主导作用，通过加强警力和基层治安力量建设，利用现代技术手段如视频监控、智能分析、大数据、物联网等手段提升治安管理的能力。例如，通过智能化的监控系统，乡村能够实现对公共区域、关键场所的实时监控与异常行为的快速预警。这种“智慧治安”能够有效提高治安管理效率，减少犯罪发生，提高乡村居民的安全感。

乡村治安管理与社会治理的结合还表现在社区治理和村民自治层面。通过强化社区民警、志愿者以及村民参与治安管理的责任，形成治安管理的多元主体。例如，村民加入乡村治安巡逻队参与日常的巡查工作，不仅能够增强村民的治安防范意识，还能够增强乡村的社会凝聚力。此外，政府可以通过建立现代化的社会治安信息平台，收集和分析治安数据，为村民提供及时的安全提示、预警信息，确保乡村治安的长期稳定。

（二）社会公平与资源配置的优化

乡村社会的和谐稳定离不开社会公平的保障，而资源配置的优化则是实现社会公平的关键环节。随着农村发展阶段的不断推进，乡村社会的公平问题逐渐从单纯的物质资源分配向教育、医疗、社会保障、就业等领域延伸。如何通过优化资源配置，保障公平，已成为乡村治理现代化中的重要目标之一。

首先，乡村的资源配置必须注重区域和群体的公平，特别是在基础设施建设、公共服务、教育医疗资源等方面，必须打破城乡二元结构的界限，缩小城乡差距。近年来，随着政府加大对乡村地区的政策倾斜和财政支持力度，乡村的基础设施建设、公共服务水平显著提高，乡村居民的生活水平不断改善。例如，信息化建设和互联网的普及为乡村提供了前所未有的发展机遇，通过“互联网+”模式，乡村不仅能够享受便捷的在线教育和医疗服务，还能够享有市场公平竞争的机会。

其次，资源配置优化的关键环节是乡村劳动力的有效利用和合理配置。乡村的劳动力结构面临着人口老龄化、外出务工现象严重等问题，这就要求在资源配置上注重劳动力的合理流动与就业问题。在这一过程中，乡村经济的多元化、产业链的延伸以及劳动力转移的可持续发展成为亟待解决的课题。建立和完善农民工的就业服务体系、促进职业技能培训和转移就业，不仅可以有效缓解乡村劳动力的问题，也有助于提高农民的收入水平，促进社会的稳定与和谐。

最后，乡村的资源配置还需要注重社会保障的全面覆盖。健全农村社会保障体系，可以有效改善低收入群体的生活状况，增强乡村的社会稳定性。

（三）建立乡村社会稳定的风险预警机制

乡村社会稳定是乡村治理的基石，而有效的风险预警机制是确保乡村社会稳定的重要保障。随着社会变革的加速，乡村的社会风险和社会矛盾呈现出多样化、复杂化的趋势。社会稳定的风险预警机制能够在社会不安定因素和矛盾上升之前，通过提前识别、预测和干预，有效防范各类社会问题，确保乡村社会的长治久安。

现代社会治理理论指出，风险管理和预警机制不仅需要依靠传统的行政手段，

还需要结合信息化手段，尤其是大数据和智能分析技术。构建乡村社会风险智能预警平台，可以实现对社会动态的实时监控，及时发现潜在的社会矛盾和问题。例如，利用数据挖掘技术，结合乡村的各种信息资源，能够发现诸如失业、贫困、公共服务不平等、教育资源不足等社会风险，并进行预测和干预。

在具体操作层面，乡村治理中应根据不同的社会风险类型，建立相应的预警机制。对于可能引发社会矛盾的群体性事件，可以通过实时监控和舆情分析系统，掌握群众的诉求和情绪波动，及时采取疏导、调解等措施，防止矛盾的激化。对于社会治安问题，乡村可以通过智能监控系统、警民合作等手段，及时识别安全隐患，进行早期干预，保障社会的稳定与和谐。

还有一个关键的方面是乡村社会稳定与环境风险之间的关系。在一些地区，环境污染、自然灾害等外部因素可能引发农民的不满与抗议，甚至导致社会不稳定。因此，乡村治理需要有针对性的环境风险评估与预警机制，通过对自然环境的监测与分析，发现潜在的环境问题，制定应对措施，减少环境问题给社会稳定带来的风险。

乡村社会的稳定离不开对各类风险的有效识别和预警。通过运用现代化的信息技术手段，构建乡村社会的风险预警机制，能够有效增强乡村社会的韧性，保障乡村的长期稳定。

三、乡村生态环境的保护与修复

随着经济发展对生态环境的持续影响，乡村地区也逐渐面临生态环境恶化的风险。乡村生态环境的保护与修复不仅是乡村全面振兴规划的重要内容，也是推动可持续发展的必要途径。生态环境的改善对于提高乡村居民的生活质量、推动农业的绿色转型以及保护乡村自然资源有深远的意义。因此，强化乡村居村生态环境的保护与修复，不仅是治理现代化的目标之一，更是实现乡村长远可持续发展的必由之路。

（一）生态环境保护的法律保障

生态环境保护的法律保障体系在乡村治理中的作用至关重要。随着乡村生

态环境问题日益严峻，乡村治理现代化要求通过法律手段为生态保护提供长期的保障。在国家层面，法律保障为乡村生态环境保护提供了根本框架。从《中华人民共和国环境保护法》《中华人民共和国水污染防治法》到《中华人民共和国土壤污染防治法》等一系列法律法规，都为农村地区的生态环境保护提供了政策和法律依据。在这些法律的指引下，乡村的生态环境保护得到了逐步完善。

为了有效推动对生态环境的保护，乡村治理中需要加强法律的执行力。乡村的生态保护不仅是政府的责任，社区、乡村居民以及地方社会组织也应当积极参与其中。各级政府应加强生态法律的宣传和普及，使乡村居民能够深入理解生态保护的意义和法律要求。在这一过程中，司法机构应当加大对生态环境违法行为的查处力度，确保生态环境法律的落实。

此外，乡村的生态环境保护法律保障体系也应当与各类社会组织的监督机制相结合。例如，通过设立村民环保监督委员会，激励村民参与环境保护的法律监督，形成村民自治与法律保障相结合的治理模式。这不仅能够增强法律的执行力度，还能提升村民的环保意识。

（二）乡村绿色发展与低碳农业

乡村绿色发展是推动乡村生态环境保护的关键。绿色发展是指以保护环境为前提，推动农业、产业和乡村发展的模式，着力实现经济、社会和生态的协调发展。与传统农业相比，绿色发展更注重资源的节约使用和环境的可持续性。而低碳农业作为绿色发展的一部分，强调减少农业生产过程中二氧化碳的排放，减少能源消耗和污染物排放，推动农业生产向环保、节能、低碳方向发展。

低碳农业的发展在乡村治理现代化中有着重要作用。传统农业模式大多依赖高能耗、重化肥和大量的农药使用，这不仅导致了水土污染，还对农业生态系统造成了极大的破坏。而低碳农业通过优化农业生产过程，采用先进的农业技术和环保材料，推动农业生产的绿色转型。

低碳农业强调对生物多样性的保护。农业生产过程中应注重保持生态平衡，采取多样化的农作物种植模式，避免单一化农业对土壤和环境的过度依赖。例如，采用轮作和间作等方式，不仅能减少病虫害的发生，还能提高土地的利用效率，减少化肥的使用，促进土壤的自然恢复。

低碳农业的发展不仅有助于保护生态环境，还能够促进乡村经济的可持续发展。通过推动绿色发展，乡村能够吸引更多的环保投资，提高农民的收入水平，提升乡村经济的整体竞争力。

（三）生态修复项目与乡村自然资源恢复

生态修复是乡村生态环境保护的重要组成部分，尤其是在农业过度开发和环境污染严重的地区，生态修复项目显得尤为关键。生态修复的目标是恢复和修复生态系统的自我调节能力，使其恢复到原本的良性状态，保障生态系统的稳定性和可持续性。

乡村的生态修复项目通常包括土地退化修复、水体污染治理、森林资源恢复等多个方面。例如，在土地退化问题较为严重的地区，可以通过实施农业退耕还林、植树造林等项目来恢复土地的生态功能。植被的恢复，不仅能够防止水土流失，还能够改善空气质量、增强生物多样性，从而提高乡村的生态环境质量。

水体污染问题是农村生态修复中的一个重要内容。部分地区的违规农业活动、生活污水和养殖污染等因素，导致了水体污染和水质恶化。因此，乡村的生态修复项目需要重点关注水资源的治理与保护。建设生态湿地、实施农业污水处理和农村饮水安全工程等手段，可以有效改善水质，恢复水体生态功能。此外，乡村的水资源管理系统也需要进行数字化升级，建立智能化的水资源监测平台，实时掌握水资源的使用状况，优化水资源的分配与利用。

森林资源的恢复是生态修复项目中的重要一环。乡村的生态修复项目应当包括对森林资源的恢复与保护，推动乡村的植树造林，增强生态屏障的建设。在这个方面，国家和地方政府可以通过建立森林资源恢复基金、推行绿色扶贫项目等形式，支持生态修复工作的开展。

乡村自然资源的恢复不仅需要政府的引导和支持，还离不开乡村居民的积极参与。乡村居民作为乡村土地和自然资源的直接管理者，在生态修复中起着至关重要的作用。国家和地方政府可以通过提供技术培训、制定激励政策，激发乡村居民参与生态修复的积极性，使其成为乡村生态修复工作的主体力量。

四、乡村居民的幸福感与生活质量提高

乡村振兴的目标不仅在于经济的增长，更在于乡村居民生活质量的全面提高。随着社会的进步和乡村政策的持续优化，提高乡村居民的幸福感已成为乡村治理现代化的关键目标之一。幸福感不仅是物质水平的体现，更是精神层面的需求，涉及社会公平、公共服务、文化发展、环境改善等多方面内容。为了全面提高乡村居民的幸福感，必须从经济、社会、文化等各个领域入手，逐步提高乡村居民的生活质量。

（一）生活质量指标体系的构建

生活质量的提高是衡量乡村治理现代化成效的重要标准。乡村的生活质量不仅是物质财富的积累，更多地体现在乡村居民的生存环境、社会保障、文化享受、健康状况等方面。为了系统地评估和提高乡村居民的幸福感，必须构建一套科学、合理的生活质量指标体系。

这一指标体系应涵盖经济、社会、环境、文化等多个方面，能够量化并定期更新。例如，经济方面的指标包括乡村居民收入水平、收入来源多样化程度等；社会方面的指标包括教育水平、医疗服务的可达性和质量、社会安全感等；环境方面的指标涉及水土环境、空气质量、生活垃圾处理能力等；文化方面的指标涵盖乡村居民的文化参与度、传统文化保护情况以及休闲娱乐设施的完善程度。

这些指标不仅能帮助政府和相关部门实时了解乡村居民生活的现状，识别影响农民幸福感的关键因素，还能为制定更加精准的政策提供依据。在这一体系的指导下，政府可以通过实施有针对性的政策，如增加公共服务投入、推动乡村基础设施建设、改善生态环境等，不断提高乡村居民的幸福感。

具体来说，乡村生活质量的提高并不仅是注重经济发展，还要关注环境保护、社会福利、教育医疗等方面的均衡发展。例如，通过开展乡村居民健康状况调查，掌握居民的常见病症、健康需求以及医疗服务的空缺点，结合健康数据优化医疗资源配置，实现精准化、个性化的服务。又如，在乡民收入方面，通过建设农产品加工和流通产业链，提高居民的生产效益，拓宽就业渠道，提高居民的收入水平。

（二）乡村基础设施建设与公共服务提升

乡村基础设施是居民生活质量提高的关键所在。如果基础设施不完善，将会限制乡村经济发展和乡村居民生活水平的提高。近年来，乡村振兴战略的实施和政策的支持，使乡村基础设施建设取得了显著进展。然而，要实现全面乡村振兴，仍然需要不断改善和完善基础设施，尤其是在交通、医疗、教育、环保等领域。

1. 交通基础设施的改善

乡村的交通条件较差，制约了居民的出行、农产品的流通以及外部资源的引入。近年来，通过高速公路、乡村公路建设以及铁路网络的延伸，乡村的交通条件得到了一定程度的改善。未来，还需要加大投入，建设便捷的乡村道路交通网络，打通乡村与城市之间的“断头路”，让居民更加便捷地进入城市，接触更多的商业、文化和教育资源。

2. 医疗卫生基础设施的改善

近年来，国家和地方政府对乡村医疗领域的投入逐年增加，乡村地区的医疗资源、医疗技术水平也有了一定程度的提高。为了进一步提高居民的健康水平，政府需进一步加强基层卫生服务体系建设，提升乡村医生的专业素质，大力发展远程医疗服务，利用数字技术打破城乡医疗差距，为乡村居民提供更好的医疗保障。

3. 教育基础设施的改善

尽管当前乡村的教育设施已有所改善，但城乡教育资源的差距仍然存在。政府应加大对乡村教育基础设施的投入，提供更多的奖学金和教育补贴，提高乡村学校的办学水平，鼓励优秀教师下乡任教，提高教育质量。通过发展职业教育和技能培训，提高乡村居民的整体文化素质和就业技能，也能在很大程度上提高农民的收入水平。

4. 环境保护和生态建设的加强

乡村生态环境的恶化会直接影响乡村居民的健康状况和生活质量。因此，政府应加强对乡村的环境治理，实施乡村环境综合整治，提供清洁饮用水，改善空气质量，减少乡村的环境污染，改善乡村居民的居住环境。

（三）乡村文化与精神文明建设

文化与精神文明的建设是提升乡村居民幸福感的内在动力之一。精神文明建设不仅可以提升乡村居民的文化素质，更是增强乡村集体意识、提高社会认同感和归属感的重要途径。在乡村振兴的过程中，文化建设同样起着重要的推动作用。

乡村文化建设主要体现在传统文化的保护与传承、现代文化的引进以及农民文化素质的提升等方面。乡村是传统文化的承载地，许多乡土文化、民间艺术和地方传统通过代际传承至今。乡村治理现代化需要注重对乡村传统文化的保护与传承，如对地方戏曲、传统节庆、民间手工艺等文化形式的保护，不仅能够丰富乡村居民的精神生活，还能够促进乡村旅游业的发展。

乡村文化的现代化十分重要。通过引入现代文化形式和多元化的文化活动，如组织乡村文化艺术节、乡村居民文艺比赛、公益讲座等，能够激发乡村居民参与文化活动的热情，提高乡村的整体文化氛围。政府可以通过提供文化支持和资金补助，推动乡村文化机构的发展，如乡村文化中心、图书馆、文化活动室等，成为乡村居民文化生活的依托。

乡村精神文明建设应当重视乡村道德风尚和社会风气的改善。通过加强对社会主义核心价值观的宣传和普及，树立正确的社会价值观，引导乡村居民树立积极向上的生活态度，推动乡村道德风尚的改善。同时，乡村的精神文明建设还应注重乡村社区的和谐共生和邻里关系的改善，倡导团结互助、诚信友善的乡村精神，建设充满温情和人文关怀的乡村环境。

精神文明建设的最终目的是提升乡村居民的内在幸福感。乡村治理现代化不应仅依靠物质层面的提升，还应注重乡村居民的精神需求，推动社会的全面进步。通过丰富乡村的精神文化生活，提升乡村居民的文化素养和社会责任感，不仅可以提升乡村居民的幸福感，还能够促进乡村社会的和谐与稳定。

第三节　乡村治理现代化的制度建设

一、乡村治理制度创新与实践

乡村治理现代化的核心之一在于制度建设。随着乡村振兴战略的不断推进，乡村治理体制和制度的改革显得尤为重要。通过制度创新，乡村治理不仅能提高效率、优化资源配置，还能增强乡村社会的稳定性与可持续性，进一步推动社会的公平与和谐。乡村治理现代化不仅是行政手段的改变，更是法治化、民主化和科学化的系统建设。从实际出发，乡村治理的制度建设应紧密围绕基层民主、治理创新、法治建设等方面展开，最终形成多层次、复合型、互联互通的治理体系。

（一）乡村治理制度的改革方向

乡村治理制度的改革方向紧紧围绕着治理效率、资源配置、社会公正等方面展开，力求打破传统行政管理的局限，探索符合乡村实际的治理模式。随着市场化进程的推进，乡村的经济、社会、文化各个层面都发生了深刻变化，这对乡村治理体制提出了更高的要求。改革的方向应聚焦于强化乡村基层治理、加强法治建设、推动权力下沉和决策民主化等方面。

一方面，乡村治理体制的改革需要从传统的行政化模式转向更加灵活、参与性强的社会化治理模式。在乡村治理的过程中，政府依然是主要的管理者和责任承担者，但同时也需要与社区、村民、企业等各个利益主体形成合力。政府的职能要从传统的指令性管理转向服务型管理，提供更高效的公共服务和政策支持。例如，在一些乡村地区，村集体经济组织成为治理的重要主体，村干部的角色转变为服务型、协调型的角色，推动乡村经济发展和社会和谐。

另一方面，乡村治理制度的改革应着力于增强治理的灵活性和响应速度。面对不同地区、不同乡村的实际情况，单一的治理模式往往难以适应多样化的需

求。通过推进乡村治理制度的灵活化和差异化，能够实现更加精准的政策设计与实施。例如，利用现代信息技术构建的智慧乡村治理平台可以帮助政府实时掌握乡村的经济、社会、环境等多维度数据，精准分析不同地区的需求，做到因地制宜，切实提高治理效率。

（二）基层民主制度与决策透明度提升

基层民主制度建设是乡村治理现代化的基础。基层民主不仅是乡村治理模式的重要组成部分，也是社会稳定与发展不可或缺的一环。随着乡村治理的现代化，基层民主制度成为推动决策透明度提升、强化社会公正、提高民众幸福感的关键。

乡村治理中的基层民主制度应该从基层选举、村民自治、集体决策、民众参与等方面入手，形成更加开放、透明的决策机制。村委会作为最基层的治理单位，承担着村民自治和民主决策的核心职能。通过定期组织村民大会、村民代表大会等形式，广泛听取农民意见，确保决策过程的公开性和透明度。对于影响村民切身利益的重大决策，如土地流转、资源配置、产业发展等，必须通过公开征求意见和民主表决的方式，确保决策符合民众需求，避免出现“一言堂”和决策失误的情况。

加强对村级干部的民主监督也是提升基层民主制度有效性的一个重要环节。通过建立健全监督机制，村民不仅可以参与决策，还能对决策的执行过程进行有效监督。这种制度安排有助于增强治理的公正性和透明度。例如，一些地方已经探索出通过电子平台进行决策和执行监督的方式，使村务公开更加便捷，乡村居民能够实时掌握政策执行的情况，有效地防止了外界干扰。

乡村治理的现代化还应推动从自上而下到自下而上的决策转型。基层民主制度的建设要确保乡村居民真正有权决定自己的事务，从参与到执行的全过程都有发言权。乡村治理中，决策不仅要透明，还需要更加“接地气”，具备实效。通过开放决策机制，让乡村居民能够参与乡村的各项事务，不仅提升了政策的民众接受度，也增强了乡村居民的责任感和参与意识，从而促进了社会的和谐稳定。

（三）乡村治理与法治建设的同步推进

法治建设是乡村治理现代化的重要支柱。乡村治理要走向现代化，必须加强法治化建设，推动法律制度在乡村的普及与落实。法治不仅是政府管理的一部分，也是社会公正、经济发展的基础保障。乡村治理的现代化离不开法治的引导和支撑。通过制度建设和法律保障，乡村能够为乡村居民创造公平公正的发展机会，保障乡村居民的合法权益，同时有效规范和约束各种社会行为，确保乡村社会的稳定与秩序。

乡村治理的法治化首先体现在法律的普及和实施上。乡村地区的法律意识相对薄弱，乡村居民的法治观念亟待增强。政府和社会组织应通过多种形式进行法律宣传，普及与乡村居民日常生活密切相关的法律知识，提升他们的法律意识。通过村庄法律宣传、开展普法教育和法律咨询等活动，可以帮助乡村居民更好地了解和运用法律，推动他们依法维权。同时，政府可以通过建设乡村法治文化阵地、设立法律服务中心等，保障法律服务的可及性，使法律成为乡村治理的重要工具。

在乡村治理的法治建设中需要加强基层法律服务的体系建设。建立健全乡村法律援助服务体系，确保农村地区的所有群体能够在遇到法律问题时，都能得到及时的法律帮助和支持。通过乡村法律援助中心、村民法律顾问等途径，提供精准的法律服务，帮助乡村居民解决纠纷、维护权益。例如，在土地承包、征地拆迁等敏感问题上，法律援助能够为乡村居民提供专业的法律咨询和代理服务，确保乡村居民的合法利益不受侵害。

乡村治理中的法治建设应注重法律的公正执行。在法治体系下，政府部门的职能要严格按照法律进行操作，杜绝徇私枉法、滥用职权等现象。通过法律手段对村干部进行有效监管，增强其依法履职的责任感，推动基层管理规范化、透明化。

乡村治理中的法治化体现在通过法律手段推动乡村居民的自治行为。例如，一些地方已经尝试通过制定村规民约、乡村自律公约等方式，推动村民在自我管理的基础上依法行事。这种村民自治不仅能够增强乡村居民的参与感，还能够形成强大的社区凝聚力，提升乡村治理的自我修复能力。

随着乡村治理现代化的推进，法治建设不仅是一个单纯的法律实施问题，还与乡村社会的民主化、现代化深度融合，成了乡村治理中的核心支柱。通过法治的支撑，乡村能够实现更加公平、稳定和高效的治理，提升乡村居民的获得感和幸福感，从而为乡村的长期发展打下坚实基础。

乡村治理的现代化制度建设需要通过创新与实践相结合，推动法律、民主、行政的协调融合。通过强化基层民主、提升治理透明度、同步推进法治建设，乡村治理制度能够实现更加科学、规范和高效的发展。这不仅为乡村的振兴与发展提供了保障，也为国家治理体系的整体完善提供了示范和支持。

二、乡村自治与基层组织的职能发挥

乡村治理现代化不仅依赖制度创新，还需要充分发挥基层组织的作用。特别是在乡村治理中，基层党组织的领导地位、村民自治的推动作用以及基层治理人才的培养与选拔机制，构成了乡村治理体系的基础。这些要素相互作用、相互支撑，是推动乡村振兴与现代化的关键动力。乡村自治与基层组织的职能发挥是实现乡村治理现代化的重要保障。

（一）基层党组织在乡村治理中的作用

基层党组织在乡村治理中扮演着至关重要的角色，其作用不仅是党务管理和政治指导，更是乡村发展和治理的核心力量。随着乡村治理现代化的推进，基层党组织的功能已经从传统的党务组织转变为乡村社会管理、经济发展、文化建设等多个领域的重要决策和执行机构。

基层党组织在乡村治理中的作用，首先体现在加强组织领导。基层党组织不仅负责对党内事务的管理和指导，还要确保党的政策在乡村的贯彻和执行。尤其在乡村振兴战略实施过程中，党组织的作用愈加突出。它通过组织力量推动政策落地，协调各方资源，使乡村振兴不再仅仅依赖政府，而是形成了全社会共同参与、共同推进的局面。例如，在一些地方，基层党组织通过建立乡村振兴工作领导小组，联合村委会、社会组织等力量，推动乡村基础设施建设、环境治理、产业发展等各项工作的开展，确保乡村治理目标的实现。

基层党组织发挥着协调作用，特别是在解决乡村社会矛盾和纠纷时，基层党组织作为协调者和调解者，往往能够发挥重要的作用。基层党组织通过组织定期的村民座谈会、调解会等形式，为村民提供一个表达诉求的渠道，调解村民之间的矛盾，增强乡村社会的和谐性和稳定性。例如，在乡村土地流转、征地拆迁等问题上，基层党组织通过有效沟通，确保村民的利益得到保障，避免了社会矛盾的激化。

在乡村治理中，基层党组织发挥引领作用，尤其是在推动乡村产业发展、乡村文化建设、公共服务提升等方面，基层党组织需要发挥思想政治工作和组织动员的优势。例如，通过开展党建带动产业发展模式，基层党组织将产业发展与党建工作有机结合，帮助村民树立集体意识，提高合作社、家庭农场等新型农业经济主体的凝聚力，推动乡村经济的可持续发展。

（二）乡村村民自治与集体经济协同发展

乡村的民主治理不仅依靠政府的管理，还需要充分激发村民的主体性。村民自治是乡村治理的重要内容之一，它通过村民自我管理、自我服务、自我教育等方式，推动乡村社会的稳定和发展。随着现代乡村治理的推进，村民自治的形式和内容也发生了深刻变化，从单纯的决策参与扩展到社会管理、资源配置等多个方面。

村民自治的核心在于集体决策。通过建立村民代表大会等形式，村民可以参与决策过程。村民代表大会不仅是形式上的民主，更多的是通过制度化、规范化的方式，使村民能够真正参与乡村公共事务的管理。例如，在乡村土地流转、集体资产分配等涉及村民切身利益的问题上，村民代表大会要发挥核心作用，通过公开、公平的方式进行决策，确保决策的透明度和公正性。

村民自治的关键点是自治组织的建设。传统的村委会和村党支部是最基础的自治组织，它们不仅是地方行政管理的机构，更要在乡村治理中发挥协调、服务、管理和监督的职能。近年来，许多地方通过创新村级组织的形式，建立了乡村综合服务中心、社会工作站等新型组织，进一步提升了乡村自治的服务能力。这些新的自治组织通过整合资源、优化服务，帮助村民解决生活中的实际问题，如提供法律援助、健康咨询、农业技术支持等，从而提升了村民的获得感和幸

福感。

集体经济与乡村自治的协同发展是当前乡村治理的重要方向。传统上，乡村经济主要依赖农业生产和集体土地的经营。然而，随着现代农业的发展，乡村经济的多元化要求集体经济组织具备更加灵活和高效的管理能力。在这一过程中，集体经济组织不仅要优化资源配置，提高村民的经济收入，还要通过集体经济的持续发展来增强村民的凝聚力，推动乡村社会的全面发展。

（三）基层治理人才的培养与选拔机制

基层治理的现代化不仅依赖制度建设，还与基层治理人才的选拔、培养密切相关。随着乡村治理逐步走向现代化，基层治理人才不仅要具备传统的行政管理能力，还需要有较强的社会组织能力、协调能力和创新能力。因此，基层治理人才的培养与选拔机制在乡村治理体系中占据着重要地位。

基层治理人才的选拔要注重多元化和灵活性。在过去，基层治理干部的选拔主要依靠传统的干部任命和上级推荐，而现代乡村治理则注重从多元化渠道选拔具有本土特色、了解乡村实际的优秀人才。当前，许多地方采取了“本土化选拔”和“动态化选拔”的方式，通过村民推荐、社会评价、岗位竞聘等多种形式，确保能够选拔出适应乡村治理需要的优秀人才。

基层治理人才的培养要立足长远，注重培养乡村干部的综合素质。随着乡村治理现代化的推进，乡村干部不仅要具备传统的行政管理和公共服务能力，还要具备现代信息技术、农业技术、法律知识等多方面的能力。因此，乡村干部的培训不应仅仅局限于行政管理和党的理论知识的学习，还要注重实际技能的培养，尤其是在农村经济发展、社会服务、环境保护等方面的专业培训。

为了提高基层干部的工作能力和应对复杂社会问题的能力，许多地方积极开展了乡村治理人才的轮岗培训、实践培训等形式的培养机制。例如，一些地区通过实施“驻村干部计划”，将有专业背景的年轻干部派驻到乡村，通过直接参与乡村治理工作，既锻炼了干部的能力，也增强了干部对乡村发展的理解和认识。

乡村治理人才的培养和选拔机制应关注对女性、青年、农民代表等群体的支持。在乡村治理过程中，女性和青年往往缺乏足够的机会参与决策与管理。因

此，乡村治理的人才选拔机制应为这些群体提供更多的参与平台和机会，通过培养具有现代化治理理念的多元化人才，提升乡村治理的全面性和代表性。

随着乡村治理的现代化，基层治理人才的选拔和培养机制逐渐成为提升乡村治理效能的关键环节。通过优化选拔机制、提高培训质量、增强人才储备，乡村能够培养出一支具有现代治理理念的专业化干部队伍，为乡村振兴和社会和谐提供有力保障。

三、乡村法治建设与制度保障

乡村治理现代化不仅依赖行政和经济层面的改革，还需要一个完善的法治保障体系。在推动乡村治理现代化的过程中，法治建设起着至关重要的作用。随着国家法治建设的不断深化，乡村法治环境的改善、土地制度的改革以及法律援助和乡村法律服务体系的建设，已成为促进乡村振兴、提升乡村治理效能、保障村民权益的重要内容。在这一过程中，法律不仅是规范行为的工具，也为乡村的社会稳定和经济发展提供了坚实的制度基础。

（一）乡村法治环境的改善与监管机制

乡村法治环境的改善是推动乡村治理现代化的核心任务之一。与城市相比，乡村在法治建设方面存在一定差距，法律的实施和执行力相对较弱。一些传统习惯、村规民约等仍在影响着乡村的法律秩序，这不仅影响了村民的合法权益，也影响了乡村法治建设的推进。因此，改善乡村法治环境，提高法律执行的威慑力和透明度，成为提高乡村治理现代化水平的关键。

乡村法治环境的改善要从法律的普及和教育开始。为了弥补这一短板，各级政府和社会组织可以通过多种途径加大法律宣传与教育力度。例如，定期组织法律进村活动，为村民提供基本的法律知识培训，尤其是与乡村生活息息相关的法律内容，如土地承包、婚姻家庭、农业劳动合同等方面的知识。此外，利用广播、电视、网络等现代传播手段，开展法治宣传，提高村民对法律的认知度和遵守意识。

加强乡村法治环境的监管是实现法治乡村的关键环节。当前，乡村的法律

执行力相对较弱，一些地方的法律法规难以得到有效的执行。政府应建立健全法治监督机制，强化法律在乡村治理中的执行力和震慑力。通过设立专门的法治监督机构，推动法律在乡村的实施，确保村民的合法权益不受侵犯。例如，在乡村建设地方性的法治委员会，定期评估乡村法治建设的进展，检查乡村治理中法律执行的情况，尤其是在乡村集体经济、环境保护、劳动权益等方面的执行效果。通过监督机制的完善，逐步增强村民对法治的信任，使法治成为乡村社会治理的基本保障。

乡村法治环境的改善需要创新性地结合现代科技手段。例如，借助数字技术，建立乡村法律信息平台，为村民提供及时、准确的法律信息查询服务。通过建立乡村法治数据档案，分析乡村治理中常见的法律问题，并有针对性地推出法律培训课程和宣传活动。此外，利用互联网平台开展在线法律服务，为偏远地区的村民提供法律咨询服务，降低法律服务的门槛，让法治惠及每一个乡村家庭。

（二）乡村土地制度改革与法治保障

土地是乡村经济的基础，土地制度改革是推动乡村振兴、保障村民权益的核心内容。

乡村土地制度改革需要法治保障，确保土地资源的合法、公正、高效利用。我国的土地管理制度，尤其是乡村土地承包法、土地流转法等法规的不断完善，是推动乡村土地制度改革的重要支撑。在土地流转和集体土地使用方面，村民的权益保护至关重要。乡村土地承包经营权的长期不稳定，以及一些地方土地承包权流转市场的不规范，影响了村民的经济利益。为了保障村民的土地权益，政府要通过法律保障土地承包权的长期有效性，防止土地被非法侵占或流转过程中出现不公平现象。

在土地流转过程中，政府需要完善土地流转的法律规范，提供土地流转的法律保障。通过法律明确土地流转的标准和程序，设立专业的土地流转市场，避免因信息不对称造成的村民利益损失。同时，在乡村土地流转过程中，政府应加强对土地流转的监管，防止不合法、不规范的土地交易。比如，可以通过建立土地流转信息平台，实现土地流转的信息公开化、透明化，减少交易双方的不信任和纠纷。

集体土地的使用需要法律的保障。随着城市化进程的推进，乡村土地逐渐面临被征用、开发等问题。村民对于土地的流转和征收往往处于信息不对称的劣势，其权益容易受到侵害。国家应通过完善土地征收制度，制定公平、公正的土地征收补偿机制，确保村民在土地被征用时能够获得合理补偿。在这个过程中，土地流转和征收的法律保障应通过加强基层政府的法治意识、透明的决策机制、有效的司法保护来实现。通过完善土地征收的法治化管理，保护村民的土地使用权和集体经济的利益，使村民在土地制度改革中成为利益的真正享有者。

（三）法律援助与乡村法律服务体系建设

法律援助与乡村法律服务体系建设是保障村民基本权益的重要保障。在乡村治理中，有些村民存在法律意识淡薄、法律资源匮乏等问题，尤其是在涉及土地纠纷、婚姻家庭、遗产继承等民事案件时，有时会因为缺乏法律支持而遭受不公正待遇。因此，建立健全法律援助和服务体系，帮助村民解决法律问题，是乡村法治建设中的重要一环。

乡村法律服务体系的建设应注重地方特色和可及性。一方面，可以通过乡村法律服务站、法律服务志愿者等形式，为村民提供免费的法律咨询和服务。法律服务站作为乡村法律服务的前沿阵地，可以为村民提供与日常生活密切相关的法律服务，如合同纠纷、土地承包、乡村金融等方面的法律援助。另一方面，还应鼓励律师事务所、法律服务机构通过“乡村法律服务队”等方式，定期到乡村开展法律服务，解决村民的法律难题。通过移动法律服务和远程在线咨询等方式，让乡村的法律服务不再受地域和时间的限制，提高法律服务的普及度和覆盖面。

法律援助的体系建设需要加强法官、律师等法律专业人才的培养和引进。有些地方由于缺乏法律专业人才，导致法律服务体系难以有效运行。政府应加大对乡村法治建设的支持，设立专门的法律援助基金，支持乡村地区培养和引进更多的法律人才。同时，可以通过司法部门与高校、社会组织合作，定期开展法律援助培训，提高乡村法治工作者的专业水平，提高他们的服务能力和法律知识水平。

在乡村法律援助的实践中，建立健全法律援助机制至关重要。为保障法律

援助的普及性和公平性，应根据不同村民的需求，提供不同层次的法律援助服务。例如，对于经济困难的村民，可以提供免费的法律服务；对于一般家庭，可以通过政府补贴等形式，降低法律服务的费用；对于复杂的案件，可以通过多方协作，联合专业机构进行处理。此外，还要通过加强乡村法律服务的宣传，使村民能够更好地知晓自己的合法权益及如何获得法律帮助。

通过建立健全乡村法律援助和服务体系，可以有效提升村民的法律素养和维权意识，使他们在面对社会矛盾和纠纷时能够依法依规进行解决，推动乡村法治环境的持续改善。

四、乡村治理的政策支持与执行体系

乡村治理现代化的推进不仅依赖完善的制度设计，还需要有效的政策支持与执行体系。政策的有效性、地方政府的执行能力以及乡村治理政策的协调性，都是实现乡村治理目标的重要因素。近年来，国家对乡村振兴的政策支持力度不断加大，同时地方政府在乡村治理中的角色越发重要。如何确保政策从中央到地方再到乡村的贯彻落实，成为乡村治理现代化的关键问题。

（一）国家政策对乡村治理的引领作用

乡村治理现代化的关键之一是国家政策的引领与支持。国家政策通过明确方向、设定目标、提供资金和技术支持等方式，推动乡村治理的逐步改革与完善。我国高度重视乡村振兴战略，出台了多项政策文件，并将其纳入国家发展战略之中。无论是经济发展、生态保护，还是社会治理，国家政策在其中发挥了引领作用。

国家层面的乡村治理政策主要通过两方面体现其引领作用：一是政策框架的制定；二是政策的落实保障。我国通过《乡村振兴战略规划（2018—2022年）》《乡村全面振兴规划（2024—2027年）》等一系列文件，明确了乡村振兴的主要目标、重点任务和实施路径。这些文件不仅为各级政府的决策提供了依据，也为乡村治理提供了战略指导。政策框架的明确，使各类资源能够更加集中、更加高效地投入乡村治理的各个领域。

除了政策框架的制定，国家对政策落实的保障也是推动乡村治理现代化的重要手段。在实际执行过程中，国家通过财政资金支持、项目审批管理、督导检查等方式，确保各项政策措施能够落到实处。例如，为了促进农村产业发展，国家加大了对农业产业化龙头企业的财政补助，推动农业科技的创新应用，带动农村经济的高质量发展。同时，政府还设立专项资金支持乡村基础设施建设，推动交通、水利、能源等领域的改善。

国家政策对乡村治理的引领作用，不仅体现在传统的经济发展领域，在社会治理、生态保护等方面也作出了相应的政策部署。例如，在环境保护和绿色发展方面，国家提出了一系列生态保护和修复的政策，推动了乡村环境治理的深入开展。这些政策从根本上引领了乡村治理的方向，推动了乡村社会的可持续发展。

（二）地方政府在乡村治理中的职责与作用

地方政府在乡村治理中的职责与作用不可忽视。作为政策执行的主体，地方政府承担着将国家层面政策具体化、实施化的任务。无论是基础设施建设、公共服务提供，还是乡村经济发展和社会治理，地方政府都在实际操作中起到了至关重要的作用。地方政府不仅要贯彻落实上级政府的决策，还要根据本地的实际情况制定具体的政策措施，使乡村治理与地方特色紧密结合。

首先，地方政府在乡村治理中的作用体现在政策的具体化与执行力的落实。各地的经济发展水平、社会治理状况、环境保护需求等方面存在差异，因此，地方政府需要结合地方实际，制定有针对性的政策。例如，有的地方政府需要通过政策引导，帮助农民改善生产条件，促进产业结构的调整；有的地方政府需要通过加大基础设施建设和公共服务供给，增强乡村的吸引力，吸引外出务工的青年返乡创业。

其次，地方政府的职能包括组织实施国家政策、推动农村发展和治理的具体措施。地方政府在落实政策时，需要协调不同部门的工作，确保各项政策得到顺利实施。在此过程中，地方政府需要根据乡村特点，制订切实可行的实施方案。例如，在推动农村土地流转的过程中，地方政府需要设立专门的土地流转服务平台，帮助农民了解土地流转的政策和市场信息，规范土地流转市场，确保农

民权益的保障。

最后，地方政府要通过创新治理模式，提升乡村治理的效能。在这一过程中，地方政府不仅是行政的管理者，也是乡村社会治理的推动者。例如，在一些地区，地方政府通过建设“村民自治+政府支持”的双轨治理模式，推动乡村自我管理和社会参与。这一模式的成功实践，不仅增强了村民的自治意识，也提升了地方政府在乡村治理中的执行力和公众信任度。

（三）乡村政策的协调性与执行力的增强

乡村治理政策的协调性和执行力是确保乡村振兴战略顺利推进的关键因素。乡村治理涉及多个方面，如经济发展、社会保障、公共服务、环境保护等，每一个领域都有相应的政策措施。如果各项政策在实施过程中缺乏有效的协调和衔接，容易造成政策执行中的重复、浪费或矛盾，从而影响治理效果。因此，增强乡村治理政策的协调性和执行力，对于提升治理效能至关重要。

在政策协调方面，政府需要注重不同政策间的衔接与配合。乡村治理不是单一领域的任务，而是涉及经济、社会、文化等多方面的综合性工作。因此，各级政府在制定政策时，要考虑不同领域政策之间的相互作用，确保政策间的协调性。例如，在推动乡村振兴的过程中，既要关注经济发展，又要考虑生态保护；既要提高农民的收入，又要注重农民的社会保障。这就要求政府在制定政策时，要综合考虑，避免政策之间产生冲突。

政策协调的具体实现，一方面依赖政府内部的协调机制，另一方面依赖跨部门的协作。例如，国家和地方政府可以成立专项工作组，协调不同部门的政策落实，确保各项政策能够高效协同。同时，可以加强乡村治理的考核和监督机制，通过严格的考核制度，推动各级政府落实政策，提高政策的执行力。

在执行力方面，乡村治理政策的落实效果受到地方政府能力的直接影响。地方政府要加大政策的执行力度，提高公务员的能力和素质，使他们能够更好地执行上级政策。在此过程中，政府需要提供充足的培训和支持，使基层干部能够及时了解政策，掌握政策执行的方法和技巧。此外，政府还应通过建立透明的反馈机制，了解政策执行中的问题和困难，从而进行调整和改进。

乡村治理政策的协调性与执行力的增强，不仅要求政府有强大的组织协调

能力，也需要社会各方的参与和支持。乡村治理现代化需要政府、社会组织、企业和农民等多方主体的参与，进而形成合力，提高治理的整体效能。

五、多元化参与机制的构建与优化

随着社会的发展、乡村需求的多样化以及治理方式的转变，乡村治理逐渐走向了一个更加开放、多元和互动的治理模式。在这一背景下，构建和优化多元化参与机制，推动政府、社会组织、村民等多方力量在乡村治理中的协同作用，成为乡村治理现代化的核心内容之一。

多元化参与机制的构建，意味着不仅要发挥政府在资源配置与政策制定中的主导作用，还要激发村民、社会组织等各方主体的参与热情和积极性。通过整合不同主体的优势资源，提升乡村治理效能，推动乡村经济、社会、文化等各方面的协调发展。

（一）政府、社会组织与村民的协同机制

在乡村治理的多元化参与机制中，政府、社会组织与村民是最为关键的三大主体，它们各自承担着不同的职责和功能，并通过有效的协同机制，形成合力，实现乡村治理的现代化。政府作为政策制定者和执行者，社会组织作为桥梁和纽带，村民作为治理主体的参与者，三者的互动与协同合作至关重要。

在这种三方协同机制中，政府的主导作用不可忽视。乡村治理的首要任务是明确政府的责任和权力，建立政府主导下的协同机制。政府应通过政策设计、资金支持、服务保障等方式，引导社会组织和村民积极参与乡村治理。例如，政府可以通过设立专项资金，支持社会组织开展与乡村治理相关的项目，同时通过政策激励，鼓励村民参与决策和治理工作。通过这种方式，政府不仅能够发挥引导和推动作用，还能够促进各类社会力量的积极参与。

社会组织在乡村治理中扮演着重要的桥梁角色。它们充当了政府与村民之间的信息传递者、资源调配者和协调者，在乡村治理中发挥着不可替代的作用。例如，公益组织和专业服务机构可以在乡村建设项目中提供技术支持，帮助村民更好地理解政策，并参与决策过程。而一些社会组织通过教育、文化、卫生等领

域的介入，能够进一步提升村民的参与意识和行动能力。通过社会组织的中介作用，政府能够更加精准地了解村民需求，并根据这些需求制定更加合理的政策措施。

村民作为乡村治理的主体，其参与度直接影响着治理效果。通过设立村民议事会、村民代表大会等民主决策机构，村民可以在乡村治理过程中发挥更大作用。尤其是在涉及村集体经济、公共设施建设、环境治理等方面，村民的意见和建议往往能够有效推动政策的改进和执行。村民通过参与决策，不仅增强了自治意识，也提升了对政府工作的支持度和信任度。

通过政府、社会组织和村民的多方协同，能够形成合力，在乡村治理中实现各方面力量的有效汇聚。这种多元化的协同机制，是乡村治理现代化的重要组成部分，为乡村振兴战略的实施提供了有力保障。

（二）农民参与乡村治理的激励机制

在乡村治理的过程中，农民的参与不仅是必要的，而且是实现乡村治理现代化的重要基础。然而，农民的参与度往往受到多方面因素的制约，包括信息不对称、参与成本高、利益导向不明确等问题。因此，如何激励农民积极参与乡村治理，成为提升乡村治理效能的关键。

激励机制的设计，要从农民的利益出发，确保其参与治理能够获得切实的回报。这些回报既包括经济利益，也包括社会利益和精神利益。例如，在一些地区，政府可以通过参与乡村规划、农村基础设施建设等项目，给予农民一定的奖励或补贴。通过物质激励，提升农民的参与积极性，让他们看到参与治理的直接收益。

除了物质激励，精神层面的激励同样不可忽视。乡村治理过程中，农民的参与不仅是对自己利益的捍卫，也是对乡村社会发展和公共事务管理的贡献。因此，通过建立荣誉体系、设立先进模范等方式，激励农民在乡村治理中展现个人价值和社会责任感。例如，乡村可以评选“优秀村民”，对积极参与村务、推动乡村发展的农民给予表彰，并通过媒体等平台进行广泛宣传，从而激励更多村民参与治理。

信息化手段的应用，为激励农民参与提供了新的途径。通过乡村治理平台、社交媒体等现代信息工具，政府和社会组织可以更加便捷地向农民发布相关信息和政策，农民也能通过互联网了解乡村治理的进展和成果。通过这种信息化激励机制，农民能够更快、更准确地获取相关政策，及时参与各类决策，进一步提升参与度和认同感。

除了设计有效的激励机制，还需要通过培养农民的治理能力来增强其参与的主动性。政府和社会组织可以通过开展乡村治理培训、组织经验分享等活动，提升农民的政治素质和治理能力。这样一来，农民不仅能从中获得技能和知识，也能增强他们对治理过程的理解和认同，推动乡村治理的可持续发展。

（三）社会组织在乡村治理中的角色转型

随着乡村社会结构和治理需求的变化，社会组织在乡村治理中的角色也发生了显著的转型。过去，社会组织主要在公益服务、福利保障等方面发挥作用，而现在，随着乡村治理现代化的推进，社会组织的职能不仅限于传统的社会服务领域，还逐步延伸到政策倡导、乡村振兴、环境治理、社区建设等更广泛的领域。

首先，社会组织的角色转型体现在其与政府之间的协作模式上。社会组织不再仅仅是政府政策的执行者或社会福利的提供者，它们也开始参与政策的设计、实施和评估等环节。例如，某些社会组织通过对乡村环境治理的实践，向政府提出政策建议和解决方案，推动政府政策的改进。这种从执行者到参与者的角色转变，使社会组织在乡村治理中具有了更加重要的地位。

其次，社会组织的作用体现在推动村民自治和参与方面。许多社会组织通过协助村民组织自治活动、推动乡村自我管理，帮助农民增强自治意识和参与能力。例如，一些社会组织帮助农民成立合作社、农民协会等集体经济组织，通过组织这些合作性平台，增强了农民的集体意识和合作精神。社会组织通过提供必要的支持，促进了农民在经济、文化和社会事务中的参与，推动了乡村治理向更高效、更具包容性的方向发展。

最后，社会组织在乡村治理中的角色转型，体现为其在公共事务管理中的积极参与。许多社会组织已经不再仅仅关注单纯的社会福利或公益项目，而是积极参与乡村公共事务的管理和决策。例如，在农村基础设施建设、环境保护、教

育医疗等领域，社会组织通过提供咨询、技术支持和服务，帮助政府和村民解决实际问题，推动乡村治理更加精细化和系统化。

社会组织在乡村治理中的转型，要求其具备更强的组织能力和专业化水平。政府应当通过引导和扶持，使社会组织能够发挥更大的作用。通过加强社会组织与政府、村民的协同合作，推动社会组织在乡村治理中的角色不断拓展和深化。

第四节　数字化乡村治理

随着信息技术和数字化手段的快速发展，乡村治理面临着前所未有的机遇。数字化乡村治理不仅改变了传统的管理模式，也为乡村振兴注入了新的活力。数字技术的应用不仅能够提高治理效率，推动乡村经济和社会发展，还能在提高乡村居民生活质量和推动社会参与方面发挥重要作用。然而，数字乡村治理在实际应用中仍然面临许多挑战。如何克服这些困难，充分发挥数字化治理的优势，成为乡村治理现代化的重要课题。

一、数字化乡村治理的基础设施建设

数字化乡村治理的实施离不开完善的基础设施支撑。乡村的数字化基础设施不仅包括网络通信设施，还涵盖了数据采集、处理和存储等技术系统。随着互联网的普及和信息技术的飞速发展，乡村治理中的数字化应用变得越来越广泛。然而，当前许多乡村地区的数字化基础设施建设，尤其是在网络覆盖、信息流通、数据存储等方面，仍然存在一定的短板。

改善数字化乡村治理的基础设施，需要大力推进宽带网络的建设，尤其是在偏远地区。网络覆盖问题会直接影响数字化治理平台的建设和数据流通。随着5G 技术的逐步推广，未来乡村地区的网络基础设施将迎来升级，这不仅有助于实现高效的治理和信息流通，也能够推动各类数字服务的普及。

数字化治理需要完善的数据采集和存储系统。数字化乡村治理的核心是数

据的采集与分析，只有通过准确的数字化数据才能制定科学的政策和管理措施。为了提升乡村治理的数据准确性和全面性，必须加强数字化设备的投入，并推动智慧农业、环境监测、健康管理等领域的数字化应用。通过部署传感器、无人机、卫星遥感等技术，乡村的各类数据可以实现实时收集，为决策提供数据支持。

数据安全问题在数字化乡村治理中至关重要。数字化治理过程中涉及大量个人隐私和敏感信息，如何保障数据的安全性，防止数据泄露和滥用，是需要重点关注的议题。数字化乡村治理中的数据安全不仅是技术问题，也涉及法律、政策的层面，需要政府和相关部门制定严格的数据管理法规，提升全社会的数据安全意识。

二、数字化治理对乡村发展的影响

数字化治理对乡村发展的影响是全方位的。数字技术的广泛应用不仅能够提高乡村治理效率，还能促进乡村经济、社会和文化的全面发展。具体而言，数字化治理能够在多个方面推动乡村的发展，尤其在经济发展、社会管理和文化建设等领域，表现尤为突出。

在经济发展方面，数字化治理为乡村带来了前所未有的机会。通过数字化手段，乡村地区可以突破传统农业生产方式的局限，发展智能农业、精细化管理和数字化营销等新型业态。借助大数据、云计算、物联网等技术，农民可以实时监控农作物生长情况、土壤湿度、气候变化等信息，从而实现精准农业，提高农业产量和质量。此外，农产品通过电商平台可以迅速进入城市市场，乡村经济由此打破了地域和信息的限制，农民的收入水平得以提高。

在社会管理方面，数字化治理能够提升乡村的管理和服务能力。通过智能化的公共服务平台，乡村管理者可以实时获取关于公共安全、环境卫生、医疗健康、教育服务等方面的数据，进而作出更加科学和精准的决策。例如，乡村地区可以通过数字化手段来监测水质、空气质量、环境污染等问题，及时采取措施，防止环境污染的扩展。通过建立数字化的社会服务平台，乡村居民可以在线申请医疗、教育、社保等服务，提升了居民的便利性和满意度。

在文化建设方面，数字化治理具有重要作用。数字化乡村治理不仅限于硬件设施的建设，更包括乡村文化的传承与推广。通过数字技术，乡村的传统文化可以通过互联网平台传播到全国乃至全球，让更多的人了解乡村文化，吸引更多游客前来参观，推动乡村旅游的发展。通过数字技术，乡村的文化活动和民间艺术也可以进行线上展示和互动，增强乡村文化的影响力。

此外，数字化治理还能够提高乡村居民的幸福感和生活质量。乡村居民通过数字化平台可以更方便地参与公共事务管理，获取医疗、教育等社会保障信息，提升生活便利性和安全感。在一些先进的乡村地区，数字化治理平台不仅提供基础的生活服务，还能在社区建设、邻里互动、文化活动等方面发挥重要作用，增强社区凝聚力。

三、数字技术助力乡村治理创新

数字技术的迅速发展，不仅推动了传统乡村治理模式的转型，还为乡村治理创新提供了新的视角和工具。数字技术的应用，可以为乡村治理提供更多的解决方案，增强治理效果，实现乡村的可持续发展。

首先，数字技术可以通过智能化平台优化决策过程。过去，乡村治理决策往往依赖人工经验和地方性的知识，导致治理效果不一。而随着大数据分析和人工智能技术的发展，乡村治理决策能够依赖更加科学、精准的预测模型和分析工具，避免传统模式中的片面性和盲目性。通过对乡村数据的实时分析，决策者可以快速掌握乡村发展的动态变化，科学合理地调整政策，及时应对突发事件。

其次，数字技术能够促进治理资源的共享与协调。在乡村治理中，政府资源、社会组织资源、农民资源往往分散且信息不对称，导致资源配置不合理。而通过数字化平台的建设，乡村治理中各类资源可以实现信息共享和协同。以乡村公共服务为例，数字平台可以将政府服务、社会组织服务、企业服务等多方资源整合在一起，提供统一的服务接口，让乡村居民能够更快捷地获取信息、申请服务，从而提高公共资源的利用效率。

再次，数字技术能够加强对乡村社会的精准治理。通过数字平台，乡村居民、村集体、政府等各方主体能够实现信息的即时传递与反馈，极大地提高了治理效率。以农村公共安全为例，数字技术可以通过智能监控、无人机巡查等手段，实现对乡村地区的全天候监控，及时发现问题并采取应急措施。数字化治理还能够帮助政府及时了解乡村社会治安、矛盾纠纷等问题，采取有效的干预措施，防止事态恶化。

最后，数字技术能够推动乡村居民的参与创新。过去，乡村居民的参与多局限于传统的村务会议和线下表决，而如今，数字化手段的应用使村民能够更加便捷地参与乡村治理的各个环节。通过移动互联网平台，村民可以随时了解乡村治理中的相关政策，参与在线投票、意见征集等活动，增强了民主决策的透明度和参与度。

然而，尽管数字技术在乡村治理中具有广泛的应用潜力，但在实际操作中依然面临诸多挑战。数字技术的普及需要大量的资金投入，尤其是在基础设施相对薄弱的乡村地区。此外，在数字化治理过程中，如何确保乡村居民的数字素养和参与意识，也需要相关政策的引导和培训。

第三章　数字技术在乡村治理现代化中的应用

第一节　数字技术与乡村公共服务优化

一、数字化乡村政务服务平台的建设

（一）多功能政务服务应用程序的开发

在政务服务平台的基础上，开发一款集合多种功能的应用程序，便于乡村居民在手机上快速办理政务。该应用程序不仅包含身份认证、资料上传、结果查询等基本功能，还集成了互动反馈模块。村民可通过应用提出建议、反馈问题，便于政府及时调整服务。同时，应用还支持消息推送功能，实时向村民发送政务信息和政策更新，帮助村民快速掌握最新政策。

（二）无接触式智能终端的投放

为扩大政务服务的覆盖面，可以在乡村的主要公共场所布置无接触式智能终端，村民通过刷卡、扫码或人脸识别完成登录后，即可使用该终端自助办理各类政务事项。这样的终端对于老年人和不便使用智能手机的村民尤其便利，免去了烦琐的操作流程。终端还可以接入视频咨询服务，让村民与政务工作人员进行

面对面的远程交流，实时解决问题，增强政务服务的互动性。

（三）乡村政务服务与社区自治的联动机制

数字政务服务平台不仅限于为村民提供基础政务服务，还可以与社区自治管理结合，将公共服务延展到村民的日常生活。例如，通过数字平台将邻里关系融入治理中，设立社区议事讨论区，村民可以通过线上投票、讨论等方式参与村务决策和公共事务的管理。此举既提升了村民的参与度，也增加了政府与村民的互动机会，使乡村治理更加民主和透明。

二、智能公共服务一体化系统的应用

（一）医疗、教育、环保多领域数据的融合共享

智能公共服务一体化系统不仅包含数据的整合，还涉及医疗、教育、环保等不同领域的跨部门数据共享。例如，教育部门的数据可以为医疗健康提供儿童及青少年健康档案，环保部门的数据可以帮助制定防疫政策。这不仅能有效提升公共服务的整体效能，还能通过数据对比和分析，为决策者提供精准的决策支持。

（二）服务平台的智能推荐与辅助决策

一体化平台不仅让各类服务在形式上整合，还应在数据分析基础上向村民推送个性化的服务推荐。例如，系统能基于村民的个人情况向其推荐适合的健康检查项目、职业培训课程等。对于政府工作人员而言，系统根据历史数据和趋势预测，也能智能推荐下一步的管理措施，从而提升基层治理的科学性。

（三）预警与反馈机制的嵌入式设计

在平台中嵌入预警机制和实时反馈机制，可以有效提升应急处理能力。系统可利用传感器和摄像头实时监控乡村内的水位、空气质量、火灾等情况，若数据异常，立即发出预警。与此同时，村民若发现紧急情况，也可通过平台迅速反馈，系统根据反馈信息自动将情况通报给相关部门，以实现多方联动。

三、线上医疗与远程健康管理服务

（一）在线健康咨询与问诊服务的拓展

除了传统的在线问诊功能，还可以建立由医护志愿者、社区卫生工作人员组成的在线健康支持网络。对于慢性病、老年病等患者，该网络提供日常健康指导与情绪支持。例如，村民可随时通过平台咨询健康问题，由系统分配合适的医护人员进行远程指导。这种多层次、多角色的健康管理模式可有效补充农村的医疗资源缺口，提升村民的健康意识和预防能力。

（二）远程影像与检测数据传输的完善

为提高医疗效率，乡村卫生站可以与城市的大型医院共享远程影像、检测数据。例如，村民在本地卫生站拍摄的影像数据或血液检测数据可以实时上传到云端，由城市医院的医生进行分析并给出诊断意见。如此一来，村民不仅能够享受大型医院的诊疗服务，而且节约了时间和交通费用，有效缓解了城乡医疗资源分布不均的情况。

（三）健康档案的动态更新与个性化干预

通过远程健康管理系统为每位村民建立个人健康档案，并实时更新健康数据，如血糖、血压、心率等。这些动态健康数据不仅能够反映村民的健康趋势，还能为医生提供个性化的健康干预建议。例如，系统根据数据变化推送健康提醒，定期建议村民检查特定指标，有针对性地预防常见病和慢性病的发生。

四、教育资源共享与远程教学的普及

（一）线上与线下教育资源的结合

在远程教学的基础上，为乡村学生提供线上与线下相结合的教育模式。教师可以在数字平台上传教学视频、学习资料，学生在家中自学之后，利用周末或

假期前往邻近的学习中心进行面对面的辅导。这样既弥补了纯线上教学的互动不足，又确保了学生在没有老师在场的情况下仍能自主学习。

（二）资源共享平台的交互性与多样化

教育资源共享平台不仅应提供教材和课程内容，还应加入问答论坛、同龄学生社区等互动模块。例如，学生遇到疑问可以在平台上提出，由教师或其他学生回答，营造共同学习的氛围。通过这种方式，乡村学生能够随时获得学业上的支持，形成良好的学习习惯。

（三）职业技能教育与乡村创业培训的结合

远程教育平台除了提供基础教育，还可以将职业技能教育作为重点模块。针对不同年龄段的村民，开设创业指导、农技培训、手工艺技能等课程，帮助村民掌握市场所需的实用技能。例如，平台为年轻村民开设“电商创业”课程，为年长村民开设“家养小规模畜牧”课程，满足不同人群的需求，助力乡村经济的发展。

第二节　乡村社会治理的数据管理与平台建设

一、乡村数据采集与基层数据库构建

（一）多维度数据采集方法的实施

乡村数据采集不仅包括传统的人口统计、资源情况等基础数据，还需涵盖经济、文化、环境等多方面信息。通过无人机航拍、传感器监测、移动端数据收集等技术手段，可以有效获取田间作物种植面积、土壤质量、空气和水体质量等环境数据。这种多维度数据的采集可使治理者更全面地掌握乡村实际情况，为科学决策提供坚实的基础。

（二）动态数据采集与实时更新

为确保数据的实时性，基层数据库建设需要动态更新的机制。采用物联网设备，实时监控土地使用情况、农业生产动态、灾害预警数据等关键指标，实现数据的自动采集和传输。例如，村民的种植计划变化、农田水分需求等信息可以通过传感器上传至数据库，确保数据能够反映乡村的最新发展态势，保障治理措施的有效性。

（三）数据采集的标准化与规范化

数据采集标准化是保障基层数据库高效运转的前提条件。针对不同类型的数据，需要制定清晰的数据采集标准，包括数据字段、单位、时间周期等。例如，涉及土地利用的数据采集标准可以明确亩数、作物品种、产量等核心字段，为数据库的统一管理和后续分析提供便利。同时，通过数据采集流程的规范化，确保数据的准确性和一致性。

二、乡村治理综合数据平台的应用

（一）数据平台的跨部门信息整合

乡村治理综合数据平台通过信息化技术将各个治理部门的数据资源整合在一起，实现跨部门的高效协作。例如，农业、环保、治安等部门的数据可在同一平台中统一展现，打破了传统“信息孤岛”的限制，使村级管理者可以便捷地获取多方信息。对于乡村突发事件的管理，跨部门信息整合能够显著提升响应速度，提高综合治理的协调性。

（二）平台的数据智能化处理与可视化展示

该平台应具备数据的智能化处理与可视化展示功能，将复杂的数据转化为直观的图表，帮助管理者更直观地理解乡村治理现状。例如，平台可通过图表展示不同时间段的土地利用变化、人口迁移趋势、环境质量波动情况等数据，并根

据预设的指标进行异常情况的预警。可视化展示能够帮助管理者快速掌控全局，为治理措施的调整提供数据支撑。

（三）平台的模块化建设与扩展性

综合数据平台的模块化设计能够根据实际需求添加或调整功能模块，如农业管理模块、环保监控模块等。通过模块化设计，平台具备较强的扩展性，能够在基础设施不变的情况下，灵活适应新的管理需求。例如，当环境治理需求增强时，可以添加环保监控模块，将空气质量、水质监控等数据纳入平台，强化乡村的生态治理能力。

三、乡村大数据分析在决策中的作用

（一）趋势预测与预警模型的建立

大数据分析技术在乡村治理中的应用体现在对趋势预测和预警模型的建立上。通过对历史数据的深度分析，预测出乡村劳动力流动、农业生产情况、乡村人口老龄化等变化趋势，帮助乡村管理者提前规划应对措施。例如，分析村内人口老龄化的趋势，可以为未来的医疗设施、养老服务作出长远布局，为突发情况提供早期预警。

（二）农产品价格波动的实时监控与分析

利用大数据分析实时监控农产品市场价格的变化趋势，为农民和合作社提供精准的生产建议。例如，通过分析过去几年的市场数据，平台能够预测当年主要农产品的价格走势，并对即将出现的市场需求变化作出预判，从而指导农民合理安排生产计划，避免盲目跟风造成的价格下跌，帮助农户增加收入。

（三）政策实施效果的动态评估

大数据分析还可应用于政策效果的评估，通过对政策实施前后数据的比较，

分析政策对乡村经济、环境、社会发展的影响。如通过对土地承包政策调整后农户收入、农田利用率等数据的分析，可以评估政策的有效性，优化政策设计。对政策实施效果的实时跟踪提高了政策执行的科学性，使治理措施更具灵活性。

四、基层信息共享系统的集成与维护

（一）基层信息共享系统的多级权限管理

为保障数据安全与信息共享的效率，基层信息共享系统应采用多级权限管理，区分各层级用户的访问权限。村委会干部、乡镇工作人员等可以访问基础数据，进行日常管理，而市、县级管理者则可以访问综合性数据，制定战略规划。例如，土地使用数据由村级共享给镇级，但县级管理者可以查看整个县区的土地利用汇总，以保障各级管理者能在权限范围内获取所需信息。

（二）信息共享的实时同步与更新机制

基层信息共享系统需要具备数据的实时同步和更新能力，确保信息的及时性。例如，在疫情防控时期，村镇管理者可通过系统实时查看各村卫生情况和人口流动情况，从而制定精准的防控策略。信息的实时同步使基层管理工作更加灵活，增强了乡村社会治理的敏捷性和反应速度。

（三）数据交换接口的标准化建设

数据交换接口的标准化有助于系统之间的无缝对接，提高数据共享的稳定性。例如，农业、公安、环保等不同部门的数据需要兼容，以统一的标准传输至共享平台。这种接口标准化的建设不仅简化了数据对接的复杂性，也为未来系统的升级扩展提供了技术保障，确保系统的长期稳定运行。

五、乡村社会治理数据管理与安全保障

（一）数据访问权限的严格控制与管理

乡村社会治理数据管理涉及大量村民的个人信息和敏感数据，因此需要严格的权限控制机制，确保数据的访问仅限于授权人员。对于乡村内部的治理人员，可以采用分级管理的方式，设置不同的数据访问权限，如村干部可以访问村内的基础信息，但涉及财产状况、健康数据等敏感信息则需更高级别的权限。权限分级管理，不仅提升了数据的安全性，也保护了村民隐私。

（二）数据存储与传输的加密保护措施

为避免在数据传输和存储过程中的信息泄露问题，乡村社会治理数据应采用高等级的加密技术进行保护。例如，敏感数据在存储时采用非对称加密算法，确保未经授权的用户无法访问数据。传输过程中，通过 SSL/TLS 等协议进行加密通信，防止数据在网络传输时被窃取。数据的加密存储和传输是保障数据安全的基础措施，能够有效提升村民对信息系统的信任度。

（三）数据备份与灾难恢复机制的构建

为应对突发数据丢失或破坏的风险，乡村社会治理系统需构建完善的数据备份与灾难恢复机制。例如，采用定时自动备份策略，将数据库定期备份到不同的物理位置，确保在系统遭受攻击或故障时能够迅速恢复数据。灾难恢复系统还可以进行定期的恢复演练，保障在突发情况下能够快速恢复正常运行。数据备份和灾难恢复机制的完善不仅是系统安全的必要条件，也对乡村治理的连续性具有重要意义。

（四）数据监控与异常检测机制的嵌入

在乡村社会治理数据管理中嵌入数据监控和异常检测机制，能实时追踪数据的使用情况。系统通过大数据算法和机器学习技术，可以对异常数据访问、恶意攻击等行为进行快速识别，并发出警告。如当检测到多次非法登录尝试或大规模的数据下载时，系统将自动触发安全响应，通知管理员采取相应措施。数据监控和异常检

测机制的嵌入，使系统能主动预防安全风险，增强了社会治理的安全保障。

（五）网络安全培训与用户隐私意识的提升

乡村社会治理系统的安全不仅需要技术手段，也依赖用户的安全意识。定期开展网络安全培训，普及基本的安全防范知识，如密码管理、账号保护、信息共享限制等，能够有效提升治理人员的安全意识。此外，通过宣传和教育，增强村民对个人隐私的保护意识，确保在信息共享时不会泄露个人敏感信息。用户隐私意识的提升是系统安全的软性保障，能够显著减少人为风险对数据安全的威胁。

第三节　智慧治理与乡村安全防控系统

一、乡村视频监控与治安防控系统

（一）多点覆盖的视频监控网络建设

为了增强乡村地区的治安防控能力，视频监控网络的布局需要覆盖乡村的多个重点区域，包括出入口、主要道路、公共场所等。通过高清摄像头和实时监控系统的结合，村内的治安状况能够得到实时掌控。视频监控的多点覆盖不仅有助于预防犯罪，还能提供事故或突发事件发生时的现场记录，帮助治理人员掌握事件的真实情况。此外，村民在了解监控系统的存在后，对违法行为的顾虑增加，形成了一定的威慑作用，从而增强了社区的整体安全感。

（二）视频数据的智能分析与预警

为提高视频监控的效率，视频数据可以通过智能分析技术进行处理。利用人工智能中的图像识别算法，系统能够自动识别并标记出异常行为，如人员聚集、可疑车辆长时间滞留等情况。智能分析技术可以将这些潜在的治安隐患迅速报告给管理者，帮助其快速采取应对措施。这一系统还能识别黑名单人员的出入情况，并自动报警，减轻管理者的日常监控负担，提高了安防工作的精度和反应速度。

（三）公共与家庭监控系统的联动机制

乡村的安全防控不仅需要公共区域的监控，也可以推广家庭监控系统，并与公共监控实现联动。村民可以通过手机或其他终端查看自家监控设备，同时在必要时，将家庭监控视频接入村级治安系统，为突发事件提供更多信息来源。例如，村民家中若发生盗窃，通过联动系统可将视频信息共享给村级管理人员，方便治安力量迅速定位嫌疑人，提高事件处置效率。

二、智能消防监控与灾害预警系统

（一）消防监控设备的智能布设

为了应对火灾等突发安全隐患，可以在村庄的高风险区域布设智能烟雾、温度和气体传感器等消防监控设备。特别是在粮仓、柴堆等易燃区域，传感器能够实时监测温度及烟雾浓度，一旦发现异常数据便会自动报警，并将警报发送至村级管理人员和消防队。这样的布设不仅缩短了火灾发现的时间，也为及时扑救争取了宝贵的机会，减少了火灾可能带来的经济损失和人员伤亡。

（二）灾害预警系统与环境监测的结合

灾害预警系统不仅可以应用于火灾预警，还可以将环境监测技术与预警系统结合，用于洪涝、山体滑坡等自然灾害的提前预警。通过水位传感器、地质监测仪器的布设，系统能够实时收集地表、地下数据，并根据数据变化趋势分析出潜在的风险。若系统检测到土壤含水量激增或地质结构不稳定等异常现象，系统将提前发布预警信息，提醒村民和管理者做好防范，降低自然灾害的危害。

（三）远程报警与多级响应机制的建立

智能消防监控系统需建立远程报警和多级响应机制。通过系统的自动报警

功能，村内的监控中心和消防部门可以同时收到警报信息，实现多级联动。若村级处理力量不足，系统将自动向更高级别的消防力量发出求助。远程报警机制确保了火灾等突发情况的迅速响应，不仅提高了灭火效率，也确保了信息流转的准确性和及时性，提高了乡村消防的整体水平。

三、数字化交通与公共安全管理

（一）乡村道路监控与交通流量分析

乡村交通安全管理的重要内容之一是道路监控与交通流量的实时分析。通过在主要路口和事故多发地段安装监控设备，交通管理系统能够实时监测交通流量，分析出拥堵趋势和潜在的交通隐患。针对村内的交通瓶颈，系统能够实时发布疏导建议，指导村民选择合理的通行路线。这样的交通流量分析有助于缓解村庄内的交通压力，保障出行安全，特别是在节假日等人流量较大的时间段。

（二）智能限速与车辆信息识别系统

乡村的道路条件和路面情况与城市不同，一旦超速，所引发的问题将更为严重。通过智能限速装置和车辆信息识别系统，可以有效地对超速行驶行为进行监控。系统能够自动记录超速车辆的牌号，并对严重超速的驾驶员进行警告或作出相应处罚。对于外来车辆，系统可通过车牌识别功能掌握其进入和离开的信息，有助于村级管理部门了解外来人员的流动情况，保障村内的交通安全和社会安全。

（三）智能交通信号与公共信息发布系统

为了进一步优化交通秩序，在主要路口安装智能交通信号系统，根据道路的实时交通情况自动调整信号灯的时长，以保证车流的顺畅通行。同时，通过村内的公共信息发布系统，实时向村民推送天气、交通情况等信息，尤其在大雾、强降雨等恶劣天气条件下，及时发布道路安全提示，帮助村民选择安全的出行时间和路径。

四、乡村突发事件应急响应平台

（一）多功能应急响应平台的构建

乡村的突发事件应急响应平台需要整合报警、监控、信息发布等多项功能，形成一体化的应急管理系统。平台可以自动接收来自视频监控、传感器等设备的报警信息，在发生突发事件时立即生成事件报告，推送给村镇两级管理者。同时，应急响应平台支持多种设备的互联互通，如将个人的手机、社区广播、电子显示屏等纳入其中，以保证应急信息能够在最短时间内传达到村民手中。

（二）应急物资与人员的快速调度系统

应急响应平台不仅是信息处理中心，还需要具备物资和人员的调度功能。平台可以记录村内所有应急物资的储备情况，若发生紧急事件，可自动调配救援物资和人员到达指定地点。例如，若出现重大火灾，系统可以迅速分配消防车辆、灭火器等物资，并通知周边志愿者到场支援。这样的平台调度功能提高了应急响应的效率，使资源得到合理利用。

（三）村民参与的应急联防机制

在突发事件的应急响应中，村民的参与是不可忽视的一环。应急平台可以设立村民联防系统，平时开展安全培训和应急演练，帮助村民掌握基本的逃生和救援技能。在突发事件发生时，系统可以通过短信或电话通知各村民小组长，协调大家开展自救和互救。村民参与应急联防，有助于提升村内的整体防控能力，形成政府与村民协同应对突发事件的联动体系。

五、农户与社区安全感知系统

（一）家居安全传感器网络的建设

在乡村推广家居安全传感器网络，通过安装智能门锁、烟雾传感器、煤气

泄漏报警器等设备，确保农户的居住安全。传感器与村内的安全监控系统联通，一旦发生火灾或煤气泄漏等紧急情况，系统自动向住户和管理者发送警报。同时，村民还可通过手机App查看家中传感器的实时数据，实现对家居安全的远程监控和管理，增强了农户的安全感和居住保障。

（二）社区安全的智能感知与反馈

社区安全感知系统通过智能设备和数据分析技术，为社区管理者提供全面的安全状况监控。例如，利用环境传感器监测社区空气质量、噪声水平等指标，提前预警有害物质超标或环境污染等情况。系统还可以根据村民的反馈信息，分析出村内的安全热点和隐患区域，帮助管理者制定有针对性的改善措施，保障村民的居住环境和生活质量。

（三）村民安全意识的提升与自我防范能力的培养

社区安全系统不仅应关注硬件设备的布设，也应关注村民的安全意识培养。通过系统定期推送安全知识、应急技巧等信息，帮助村民增强自我防范能力。例如，针对独居老人，可以推广防诈骗知识并安装紧急呼叫设备，让村民了解基本的安全防护技能，减少不必要的安全隐患。培养村民的安全意识，能有效提升他们的自我防范能力，是建立良好安全社区的重要步骤。

（四）社区邻里互助与安全信息共享平台

社区安全感知系统可拓展邻里互助功能，形成安全信息的共享平台。村民之间通过该平台交流治安动态，报告可疑行为，形成邻里之间的安全互助网络。例如，平台可以设立“安全举报”模块，村民在发现陌生人出入或夜间异常噪声时可随时记录并上传信息，系统自动通知村级管理者处理。通过邻里互助和信息共享，社区安全感知系统让村民共同参与安全防控，增进社区的凝聚力。

（五）农户与社区安全感知的智能预判

社区安全感知系统的智能化设计能利用数据分析，对未来可能出现的安全隐患进行预判。分析以往的监控数据和报警记录，可以预测出高危时段和区域，为治理者提供早期干预的建议。如系统通过分析出入监控数据，得出夜间盗窃风险较高的区域，从而建议加强该区域的巡逻和监控布设。智能预判机制不仅有助于降低安全事故的发生概率，也能让治理者的安全管理工作更具前瞻性和有效性。

第四节　村务管理的信息公开与村民参与

一、村务信息公开平台的构建与管理

（一）村务信息公开平台的建立原则与内容规范

村务信息公开平台应遵循透明、公正、易懂的建立原则。平台内容涵盖村集体财务收支、土地使用、惠农政策、资金使用等敏感信息，确保村民对村务情况有全面的了解。为了保证信息的可靠性，平台对发布的信息内容进行严格的审查，并为不同类别的信息制定发布频率和更新机制。例如，财务信息按季度更新，而村委会成员的年度报告则每年发布。通过信息内容的规范化，平台的可信度得以提升，为村民提供了便捷的监督渠道。

（二）多样化的展示形式与用户友好设计

为了方便村民获取和理解村务信息，平台应采用图表、图示、视频等多样化展示形式，并设计简单明了的用户界面。例如，对于村财务收支情况，可以采用柱状图、饼状图等直观的形式呈现各项收支的占比，帮助村民快速理解。同时，平台可以加入语音解说和动画引导，让文化水平较低的村民也能够轻松了解平台的操作流程，推动村民对村务信息公开的理解和参与。

（三）平台运营的监督和定期评估机制

为了确保村务信息公开平台的持续运行，建立一套包括内部审核和外部监

督的运营监督机制显得尤为重要。内部审查人员负责核对发布信息的真实性、完整性，而外部监督机制则可以邀请村民代表或第三方机构定期审查平台运作情况，并提出改进意见。定期评估平台的运行效果和村民的使用体验，通过收集意见改进平台功能，使平台能够持续满足村民的需求，提升村民的信任度。

二、村民在线投票与社区民主参与

（一）在线投票系统的建立与公正性保障

在线投票系统是村民直接参与村务决策的重要途径，系统的公正性和安全性是平台建设的核心。每位村民可以通过系统验证身份后参与投票，确保一人一票的民主权利。平台采用数据加密和身份认证技术，防止投票数据被篡改。同时，投票结果实时更新并在系统上公开展示，方便村民监督，确保投票结果的透明性。通过在线投票系统，村民能够积极参与如村规修订、集体资产处置等事项的决策，促进社区的民主化进程。

（二）议题发布与村民意见征集功能

在线投票系统不仅是投票的工具，还具备议题发布和意见征集功能。村务相关议题可以由村委会成员或村民代表发起，通过系统通知全体村民并征集意见。村民可以通过评论、点赞等方式表达立场，平台根据意见集中度评估民意，并形成投票议题。这一功能使村民从被动的知情者转变为积极的参与者，推动村务决策的公开和透明化。

（三）村民参与的匿名反馈机制

在线投票系统可添加匿名反馈机制，保障村民在表达不同意见时不受他人影响。村民在投票或发表意见时可以选择匿名方式，平台对所有反馈意见进行公平审查。这一机制为村民提供了无障碍的表达渠道，避免了因人际关系而产生的参与顾虑，使投票更加真实和公正，推动村民的积极参与。

三、村民反馈和问题举报的数字化平台

（一）多渠道问题反馈入口的设置

村民反馈和问题举报平台应当设置多渠道的反馈入口，包括移动应用、微信公众号、小程序等，方便不同年龄层和技术水平的村民参与。村民可以通过平台反馈道路损坏、环境污染、违法建筑等问题，平台自动归类并分发至相关职能部门。每个反馈事项都附有详细的时间和处理进展，村民可以实时跟踪问题解决情况。多渠道的反馈入口提升了平台的普及度，鼓励村民积极参与村务监督。

（二）智能化问题分类与优先级分配

村民反馈的问题种类繁多，为提高处理效率，平台可采用智能分类系统，将反馈内容按主题自动归类。系统根据问题的紧急程度和影响范围设定处理优先级，将重大问题优先提交至相关部门。针对普遍性或紧急性较高的问题，系统还会自动发出警报，提醒相关部门尽快处理。通过问题分类和优先级分配，平台大幅提高了问题处理的效率，使村民的诉求能够得到及时响应。

（三）问题处理的公示与村民满意度评价

问题反馈平台不仅记录问题处理进展，还将问题处理的结果公示给村民。在问题解决后，村民可以对处理结果进行评价，形成满意度评分。这一评分将成为村务管理部门的绩效考核依据，推动管理人员认真对待每一个反馈问题。同时，村民的反馈意见有助于识别管理中的薄弱环节，为后续改进提供数据支撑，进一步提升村民对村务管理的信任。

四、村民参与村务的数字互动模式

（一）互动交流板块的设计与多媒体功能支持

在村务管理平台中设置互动交流板块，鼓励村民就村务管理、政策落实等

话题展开讨论。为增强参与感，交流板块支持文字、语音、图片等多种形式的发言，村民可以选择方便的方式进行交流。平台还可以设立不同话题分类板块，如农业发展、文化活动、环境保护等，使村民可以根据兴趣选择讨论主题，推动村民间的互动和信息共享。

（二）定期举办线上议事会与专家讲座

为了更好地推广数字互动模式，平台可以定期举办线上议事会，邀请村委会成员、村民代表、外部专家参加，在线讨论村务或政策实施情况。通过视频直播的方式，村民可以实时观看并提出问题，专家在线解答村民关心的议题。例如，在农业生产旺季前，平台可以邀请农技专家讲解种植技术和病虫害防治方法，为村民提供专业指导。这种互动模式既提升了村民的参与感，也促进了村务管理知识的普及。

（三）即时消息通知与事件提醒系统

为了增强村民的参与积极性，平台设立即时消息通知和事件提醒功能，村民可及时了解村内的最新动态。例如，在村务会议召开、重大事件处理、政策更新等情况下，系统会向村民推送相关通知，保证村民不会错过任何重要信息。这种即时通知机制强化了村民对村务管理的了解，使村民对社区事务的关注度显著提升，激发更多的参与热情。

五、乡村议事平台的数字化探索

（一）议事会议的线上直播与存档功能

乡村议事平台通过数字化技术，将重要的议事会议以直播的形式向全体村民公开，会议结束后视频自动存档，村民可随时查看。会议直播与存档功能有效解决了部分村民因时间或距离原因无法到场的问题，增强了议事过程的公开性。同时，村民可以在平台上对议题发表意见，会议组织者根据评论内容归纳总结村民的反馈，确保议事结果能够广泛吸纳民意。

（二）在线提议与议题讨论板块的设置

村民可以通过议事平台在线提出议题建议，平台根据村民关注度及可行性，将高频提议纳入议事日程。议题发布后，村民可在讨论板块就该议题展开交流，提出支持或反对的观点，形成深入讨论的互动空间。讨论结果不仅为村委会提供决策依据，也让村民通过参与了解议题的复杂性和现实性，增强村民对村务管理的理解和包容。

（三）村民代表的公开选举与议事透明化

议事平台还支持村民代表的公开选举，保障村民能够通过数字化平台公平、透明地选出自己信任的代表。村民代表的选举采用匿名投票的方式，确保选举结果的真实性和公正性。选出的代表会在议事会议中传达村民的意见，保证村民的利益能够在议事过程中得到重视。村民代表的选举使议事平台更加民主化和透明化，村民的权益得到切实保障。

（四）议事决议的跟踪与执行情况反馈

议事平台不仅是决议形成的工具，也承担了决议跟踪和执行情况反馈的功能。平台将每项决议的实施情况记录在案，村民可以随时查看决议的进展和完成情况，增强村务管理的透明度。例如，在村内道路修缮决议通过后，平台记录修缮进度、资金使用情况和村民反馈，村民对整个过程了如指掌。跟踪与反馈机制确保了议事决议的落实效果，让村民对决议的实施过程拥有充分的知情权。

（五）议事平台的档案管理与历史数据分析

乡村议事平台需要具备档案管理功能，将过去的会议记录、决议文本、民意反馈等信息长期保存，为后续的村务管理提供历史数据支持。平台还可应用数据分析技术，对议题类型、村民关注度、参与率等信息进行统计分析，识别村务管理中的重点问题和变化趋势。这种档案管理与数据分析功能有助于村委会了解民意的长期变化，从而优化治理策略，提高议事效率和科学性。

第五节　农业资源与环境监控的数字化管理

一、土地资源管理系统与监控平台

（一）土地资源数字化建档与实时更新

在乡村土地资源管理中，构建数字化的土地档案系统是确保资源有效利用的基础。每块土地的面积、土壤性质、地形特征等信息通过无人机航拍和遥感技术获得，并上传至数据库。系统通过实时更新功能，记录土地的耕种作物、轮作计划等动态信息。这种数字化建档能够精确识别每块土地的特性，帮助农民和管理者更好地规划耕种模式和资源分配，减少土地浪费。

（二）土地利用监控平台的构建与政策支持

为了确保土地的合理使用，监控平台利用传感器、遥感技术等进行监测，提供实时的土地利用数据。管理者能够通过平台查看不同区域的作物种植分布、荒废土地情况等，及时调整政策来优化土地资源配置。例如，在作物生长期间，平台能够实时监控农田的养分状况，协助农民科学施肥，避免资源过度消耗和环境污染，增强了农业资源管理的科学性和可持续性。

（三）土地使用权管理与数字化认证

通过区块链技术构建数字化的土地使用权认证系统，确保土地交易、转让的透明化和合法化。区块链的不可篡改性保证了土地所有权和使用权的有效记录，减少了土地纠纷的发生。数字化认证还方便管理者对土地进行合理规划，如将闲置土地划归公共用途、保障耕地的持续利用等。村民通过系统能够方便地查询到土地的权属信息，进一步巩固了土地管理的规范性。

二、乡村水资源与灌溉数据管理

（一）智能化水资源监测网络的建设

乡村水资源的管理依赖智能化监测网络，通过在水库、河流、灌溉渠道等位置安装水位、水质传感器，管理系统能够实时监控水源的动态变化。传感器所收集的数据通过无线网络传输至中央控制系统，为灌溉安排和用水调整提供实时依据。尤其在干旱或汛期，水资源的实时监控对保证农业生产和村民生活用水具有重要意义，能显著提高水资源管理的效率和科学性。

（二）精确灌溉与水资源利用优化

通过对不同地块的土壤湿度、蒸发量、作物水分需求的实时分析，相应系统可以进行精准灌溉安排。系统根据不同作物的生长阶段调节灌溉时间和水量，避免过度或不足的灌溉。精确灌溉技术不仅能够节约水资源，还能够避免土壤过湿或过干对作物生长造成的负面影响，最大限度地发挥水资源的效用，为农业生产的可持续性提供有力支持。

（三）节水灌溉与生态平衡的结合

节水灌溉系统在保障作物生长的前提下，注重水资源的节约和生态平衡。系统通过滴灌、微喷等技术手段，实现对不同作物需求的精准供水。为了避免对生态环境的过度开采，系统在水资源分配中优先考虑生态需求，保持河流、湿地的水资源平衡。这样的灌溉方式不仅提高了用水效率，还保证了乡村水生态的可持续发展，有效减少了传统灌溉带来的生态破坏风险。

三、乡村空气质量监测与环境保护

（一）空气质量监测网络的区域化布局

在乡村空气质量监测中，合理布局监测站点尤为重要。将空气质量监测仪

安装于居民区、农田、工业园区等不同区域，能够全面掌握区域内的空气污染情况。监测网络实时采集空气中二氧化硫、颗粒物、氨气等成分的数据，并通过分析找出污染源头。区域化的监测布局不仅有助于定位污染集中区域，还为乡村环境保护政策提供了科学依据，保证了空气质量的动态监控。

（二）污染源识别与治理措施的制定

系统通过对空气监测数据的分析，识别出不同污染源的贡献比例。根据季节性和气候变化等因素，系统能够预测污染变化趋势。针对特定来源的污染，系统会提出科学的治理措施。例如，若系统检测到农田的秸秆焚烧带来的空气污染，平台将根据数据分析的结果建议改进方案，如秸秆回收或再利用的环保方式，帮助农民降低环境影响，推动乡村空气质量的提高。

（三）乡村绿色发展的空气质量保障策略

为推进乡村绿色发展，空气质量监测系统结合环境保护政策，制订空气质量达标的实施方案。在农业生产中推广环保材料和节能技术，通过减少化肥和农药的使用，降低挥发性有机物和颗粒物的产生。同时，系统还可与政府合作推出清洁能源使用补贴政策，鼓励村民减少生物质燃料的使用，逐步实现绿色转型，保障乡村的空气质量在发展过程中持续改善。

四、乡村生态修复与资源使用追踪

（一）生态修复工程的精准定位与规划

生态修复工程需要对受损区域进行精准定位。通过无人机遥感与地理信息系统对乡村环境进行综合评估，系统能够识别出土地沙化、森林破坏、水土流失等具体问题区域。根据监测结果，系统会规划具体的修复措施，如植树造林、水土保持、生态护坡等。在修复过程中，系统实时跟踪进展，确保修复效果达到预期，实现土地的再生和生态平衡的重建。

（二）资源使用动态追踪与生态负荷平衡

在资源的开发和利用过程中，系统通过动态追踪各类资源的使用情况，如水资源、森林资源、矿产资源等，对其使用频率和数量进行实时监控。系统还通过分析生态负荷的变化，确保资源使用的强度不会超出生态承载能力。例如，在水资源的利用中，系统会综合考虑灌溉需求与水域生态需求，避免过度抽取水源造成的生态失衡，确保生态环境的可持续利用。

（三）环境恢复效果的长期监测与评估

生态修复不是短期工作，修复效果的评估和监测需要长时间的跟踪。系统会定期采集修复区域的环境数据，如植被恢复率、土壤肥力、湿地面积等，通过数据对比分析修复工程的成效。如果监测到修复效果不理想，系统会调整修复方案，并引入更多生态友好的技术手段。长期监测不仅提高了生态修复的质量，也为未来的生态保护提供了宝贵的经验和数据支持。

五、环境风险评估与动态调整系统

（一）环境风险的多层次评估与预警机制

系统结合大数据分析和人工智能技术，建立环境风险的多层次评估模型。不同风险级别的环境问题由系统自动评估，如化学污染、土壤退化等，根据风险等级发布相应的预警信息。系统能够分析出污染事件的可能源头及潜在影响，为管理者制定预防措施提供数据支撑。例如，水资源遭遇污染时，系统立即预警并建议村民采取避险措施，以保障村民的健康和安全。

（二）动态环境监测与应急响应计划

在环境监测过程中，系统会建立动态监测和应急响应计划。对突发的环境事件，系统会自动响应，按照应急预案迅速调度资源。例如，若检测到空气质量的突变，系统会触发污染源调查，并同步启动应急防护措施。动态监测系统不仅

在应对突发事件中反应迅速，还在事后分析事件影响，为进一步完善应急管理提供了参考依据。

（三）环境管理方案的灵活调整与政策反馈

在环境风险的动态调整中，系统将定期对环境管理方案进行评估，并根据最新的监测数据灵活调整。例如，在干旱高发的季节，系统会对灌溉水源分配进行适时调整；在丰水期，适当减少灌溉以保护水生态平衡。系统还会将监测结果和调整方案反馈至上级管理部门，以便相关政策能够根据实地情况进行优化，增强政策的科学性和适用性。

（四）生态承载力评估与未来规划支持

系统通过对水资源、土地、森林等资源的承载力评估，形成科学的乡村发展规划建议。根据生态承载力的分析，系统提出土地、森林等资源的最大利用量，帮助管理者制订合理的资源开发计划。通过生态承载力的定期评估，村庄能够在资源保护和经济发展之间达到平衡，实现乡村的可持续发展。

（五）生态保护与社会经济发展的平衡机制

系统结合生态保护和社会经济发展目标，通过评估生态资源的承载力，为乡村提供生态友好的发展方案。系统在土地规划、资源开发方面提供科学指导，协助村民在不破坏环境的前提下开展生产活动。例如，在农业方面，系统指导农户选择对土壤影响小的种植方式，以减少农药和化肥使用量，平衡农业生产与环境保护。通过生态保护和社会经济发展的平衡机制，确保乡村发展具有长远的可持续性。

第六节　数字技术在乡村文化和社区活动中的应用

一、乡村文化活动的数字推广平台

（一）乡村文化资源的数字化整理与宣传

乡村文化活动的推广首先依赖对当地文化资源的整理与数字化。通过采集和数字化加工，村庄的历史、习俗、传统手工艺等信息可以系统地记录在数字平台上，形成丰富的文化数据库。这些数据经过分类整理后，通过图文、视频、音频等多媒体形式展示，便于村民和外界了解。这样的推广平台不仅保存了宝贵的乡土文化，还为外界提供了了解乡村文化的窗口，提升了乡村文化的知名度。

（二）活动信息发布与村民参与互动

数字推广平台能够将村庄的文化活动信息实时发布，便于村民随时随地了解活动安排。例如，在节庆活动前，平台会提前发布活动安排、内容亮点等信息，并且提供报名参与的入口。村民可以在线报名参加活动，进行互动留言。平台还支持现场照片上传和即时分享，村民能够记录自己的参与体验。这种信息发布和互动方式增强了村民对乡村文化的认同感和参与度，使文化活动更加生动。

（三）传统文化活动的在线体验

数字平台可以为传统文化活动提供在线体验，弥补村民因距离、时间等限制无法亲自参与的遗憾。例如，节庆活动的现场可以通过平台进行视频直播，村民和外界观众可在网上观看。此外，平台还可以推出虚拟体验功能，如在线解锁舞龙、灯会等民俗项目的虚拟互动，通过虚拟现实技术展示传统文化的精髓，让村民及外界观众体验独特的乡村文化。

二、线上图书馆与乡村文化资源共享

（一）乡村图书资源的数字化转化

线上图书馆建设可以将村内珍贵的历史资料、乡村文献、农业技术书籍等资源数字化，并通过电子书的形式上架到平台上，方便村民随时查阅。这些图书资源从书籍到文章均经过数字化处理，保存在线上平台中，村民可以通过智能终端在线阅读或下载到移动设备上。同时，这也使村内的历史文献、名人逸事等乡土文化资料得到有效保存，为未来的文化研究提供了重要数据。

（二）数字化图书资源的免费共享与交流

线上图书馆不仅提供村内资源，还可以与市、县级图书馆资源共享，扩大乡村图书资源的可访问性。系统为村民免费开放部分资源，如农业知识、教育资源、家庭教育等领域的书籍。在线交流社区为村民提供读书交流平台，村民可以分享阅读心得、推荐书籍，并参与专题讨论。这种数字化图书资源共享机制使村民无论年龄、学历，都能够享受到阅读的乐趣，推动乡村知识的普及。

（三）个性化学习推荐系统

线上图书馆可以结合村民的阅读习惯，运用个性化推荐技术，自动推荐适合的图书资源。例如，村民在阅读了农技类书籍后，系统会推荐相关的农业发展、病虫害防治等书籍，为村民提供连续性学习体验。个性化学习推荐系统不仅提高了阅读效率，还让村民能够系统地学习新知识，提高乡村整体文化素养，增加知识获取的便利性。

三、社区互动平台在民俗文化中的应用

（一）民俗文化的在线互动展示

社区互动平台通过在线展示，将乡村的民俗文化项目变成村民和外界共同

参与的活动。例如，平台可以开设民俗展示专区，提供每月的主题展示，如传统手工艺、民间故事、节庆习俗等，村民可以上传相关照片和视频，分享个人的文化体验。平台的互动评论功能使村民能够就展示内容进行交流，分享他们对民俗文化的理解和体验，使民俗文化传播更加活跃。

（二）民俗知识问答与文化传承

社区互动平台可以定期发布民俗文化知识问答，通过趣味竞赛的形式提高村民的参与感。平台可以设计在线问答功能，围绕本村的节日习俗、方言、民间故事等内容进行互动问答。例如，村民可以通过回答问题获得积分，并在年度评比中争夺“民俗知识达人”的称号。这种问答活动既让村民在轻松愉快的氛围中学习了民俗文化，又增强了对乡村文化的认同和传承意识。

（三）跨村交流与民俗互动

社区互动平台还可以实现不同村庄之间的文化互动，村民能够通过平台分享各自的文化特色。例如，甲村的村民可以展示自己的传统手工艺，乙村的村民则介绍当地的节庆活动。平台可以定期举办线上跨村民俗文化展示活动，这种跨村交流不仅丰富了村民的文化视野，还增强了乡村之间的互动合作，使民俗文化的传承在更大范围内得到延续。

四、数字化乡村博物馆和展览中心

（一）数字化乡村博物馆的建设与文物数字化

数字化乡村博物馆通过先进的技术手段展示乡村文化遗产，将村内的文物、手工艺品等数字化，供村民和外界观众在线参观。每件文物或艺术品均经过高分辨率扫描、三维建模等数字处理技术，使参观者能够从多个角度观看。这种数字化展览不仅保护了珍贵的文物，还让不便前往实地的人也能体验博物馆中的文化瑰宝，为乡村文物的保护和推广提供了全新的路径。

（二）主题展览与虚拟导览服务

数字化乡村博物馆可以定期推出不同主题的展览，如“传统农业工具展”“乡村婚俗文化展”等，围绕特定的文化主题进行展示。虚拟导览服务可以通过3D模型再现展馆结构，参观者在虚拟空间中自由漫游，随时了解展品的详细信息。例如，参观者在虚拟导览中看到农具后，可以点击查看相关文字介绍和历史资料。这种数字导览服务能够使村民和外界更为便捷地了解乡村文化，加强文化教育的趣味性和互动性。

（三）互动体验与教育功能的结合

数字化博物馆不仅是展示平台，还具备互动体验和教育功能。系统可以设计交互式游戏，如在线拼图、文物配对等，让参观者在娱乐中学习文化知识。例如，平台可以设置“乡村服饰搭配”游戏，参观者可以为虚拟人偶穿上不同的传统服饰，了解各个时期的服装风格和穿着习俗。这种互动方式提升了参观的趣味性，使乡村博物馆更具吸引力，推动了乡村文化在年轻人中的传播。

五、乡村文艺活动与数字直播平台

（一）乡村文艺活动的线上直播与互动

数字直播平台为乡村文艺活动的推广提供了极大的便利，村庄的戏剧表演、歌舞演出等通过直播平台向更广泛的受众展示。直播过程中观众可以实时发表评论，主持人根据观众的反馈与其互动，拉近了现场与线上观众的距离。村民通过直播平台向外界展示乡村的文化风貌，为文艺活动带来了更多的关注，增加了村民参与文化活动的积极性。

（二）文艺人才培养与线上交流

直播平台还为乡村的文艺人才提供了展示与交流的机会。村里的民间艺人可以在平台上直播自己的表演，与村内外观众分享技艺。平台提供分章节直播功能，使各类才艺展示更加系统化、专业化。年轻人可以通过观看、学习这些才艺，激发他们对本土文化的兴趣，同时直播平台也成为老艺人与年青一代交流的桥梁，推动了乡村文化传承。

（三）区域文艺活动联动与数字推广

直播平台还可以实现不同村庄之间的文化联动，通过区域文艺活动的联合推广，提升乡村文艺活动的影响力。平台可以在重大节日或文化节期间进行多村联播，展示不同村庄的文化特色。例如，某地在春节期间可以组织多个村庄联合直播“乡村春晚”，让观众可以在一个平台上观看到各地的传统表演。这种跨村的文艺联动展示不仅有助于增强文化交流，也提升了乡村的文化吸引力和认同感。

第七节　数字金融技术在乡村金融治理中的应用

一、农民信用评级与农村信贷平台

（一）信用评级系统的构建与数据整合

农民信用评级是数字金融体系中的关键一环，系统通过整合多维度的数据来建立精准的信用评级模型。该模型不仅包括农民的传统财务数据，还包括农产品销售情况、生产效率、土地使用情况等综合信息。通过大数据分析，系统能动态更新评级结果，使农民的信用水平随着经营表现变化而调整。这样的评级系统提供了农民信用的客观评估，帮助他们在贷款申请中获得更具竞争力的信用评级，简化信贷流程。

（二）便捷的农村信贷平台与线上审批流程

农村信贷平台在数字化技术的支持下，已具备了在线审批功能，农民可以通过手机 App 或互联网直接提交贷款申请。平台根据信用评级快速计算贷款额度和利率，农民可以即时查看信贷方案并作出选择。线上信贷平台的自动化审批流程不仅缩短了贷款周期，还大幅降低了人工成本和申请的复杂性，使农民在融资上更加便捷和灵活。

（三）信用激励与信用积分机制

为了鼓励农民积极维护良好的信用记录，信贷平台可以引入信用积分制度。通过准时还款、积极参与培训等行为积累信用积分，农民可以在未来的贷款中享受更低的利率或更高的贷款额度。积分制度让信用好的农民获得额外的经济激励，同时激发其他农民重视信用建设。这种机制不仅有助于提高还款率，还能够在乡村形成诚信文化氛围，推动农村金融市场的健康发展。

二、数字化农业保险和风险管理

（一）农业保险产品的数字化设计与推广

数字技术使农业保险产品的设计更加精细化和个性化。基于农作物种类、气候条件、历史产量等多种数据，保险公司能够定制不同的保险方案。农民可以通过移动平台浏览、对比保险产品，并根据自身的实际需求选择合适的保险方案。这种数字化的推广模式不仅扩大了农民对农业保险的了解，也降低了保险销售的成本，使农业保险的普及度大幅提高。

（二）自动理赔与风险管理的智能化

农业保险的理赔通常耗时较长，但借助智能化的风险管理和自动理赔系统，理赔过程变得更加迅速。系统通过卫星遥感、无人机监测等手段，实时监控农田的作物生长状态，一旦检测到自然灾害或作物损失，会自动触发理赔程序。通过

区块链技术记录理赔流程，保证理赔的公开透明。自动理赔的实施不仅提高了保险公司的服务效率，还让农民在灾害发生后能迅速得到补偿，减少经济损失。

（三）风险预警系统与风险分散机制

数字化风险预警系统能够根据气象预报、历史灾害数据等进行分析，为农民提供自然灾害的预警。例如，在台风或干旱来临前，系统可以提前通知农民做好相应的准备，降低灾害造成的损失。为进一步分散风险，系统还将各地区的保险数据进行汇总，形成风险图谱，帮助保险公司合理安排赔付资源。这样的风险分散机制不仅降低了保险公司的经营风险，也增强了农业保险的稳定性。

三、乡村资金流动透明化平台

（一）资金流动监控与资金用途追踪

乡村资金流动透明化平台通过对资金来源和流向的实时监控，使资金使用情况变得清晰明了。农民和农村企业获得的各类贷款、补贴等资金可以被系统追踪，从而确保资金用于指定用途。例如，农户获得的农业发展资金必须用于农业项目，平台会追踪资金流向农产品采购、土地租赁等项目的具体开支情况。资金流动监控不仅有助于防范资金挪用，也让农民对资金管理更加规范。

（二）实时数据分析与资金流动预测

平台通过大数据技术，能够实时分析农村资金流动情况并作出预测。通过对资金流入和流出的数据进行分析，系统可以预测未来某一时间段的资金需求高峰。例如，在农忙时节，农民对资金的需求量增加，平台会提前安排金融机构进行资金储备，以应对资金流动的变化。这种数据预测提高了农村金融市场的应对能力，避免了因为资金短缺而影响农业生产的现象。

（三）公开透明的财务报告与村民监督

资金流动透明化平台每季度生成财务报告，详细列出资金使用明细和各项

支出情况，村民可随时在线查阅。平台还设有村民监督功能，村民可以针对资金的使用情况提出疑问或建议。平台通过这种透明化的管理模式，不仅增强了资金管理的公开性，还在村民中营造了信任感，提升了农村金融治理的社会认可度。

四、农村小微金融服务平台的创新

（一）便捷的小额贷款产品与审批流程优化

小微金融服务平台以满足农村小额融资需求为目标，开发了多种小额贷款产品，帮助农民解决季节性资金短缺问题。通过在线审核与快速审批流程，农民可以在数小时内获得小额贷款，极大地提高了资金周转的效率。小额贷款产品不需要复杂的抵押手续，主要依赖信用评级，从而让更多农民能够享受到小微金融服务的便利。

（二）创新性金融产品：绿色贷款与创新奖励

平台为支持可持续发展推出绿色贷款产品，支持农户发展环保农业、生态种植等项目。农户在申请绿色贷款时能够享受更低的利率或额外的优惠，同时绿色贷款的还款期更为灵活。平台还设立创新奖励计划，鼓励农民采用创新的种植或养殖模式，激励农户进行生态保护和资源合理利用。这些创新性产品不仅满足了乡村金融的需求，也推动了乡村产业的可持续发展。

（三）移动端金融服务与金融知识普及

平台开发了移动端的金融服务应用程序，农民可以通过智能手机进行贷款申请、查看贷款余额、支付利息等操作。针对不熟悉金融知识的村民，平台提供了金融知识普及模块，讲解贷款利率、理财产品、信用评级等基础知识。这种移动端服务与知识普及的结合使农村金融服务更加便捷，同时提升了农民的金融素养，帮助他们更好地利用金融工具。

五、数字金融在防范乡村金融风险中的作用

（一）金融风险预警系统与动态风险评估

数字金融系统内置了金融风险预警功能，能够通过数据分析识别潜在的金融风险。例如，在信贷市场中，系统能够监控不良贷款的增长趋势，对贷款风险进行评估，发现风险高的区域和用户群体。系统自动分析各类风险因素，如农作物价格波动、农民收入下降等，通过提前发布风险预警，让金融机构及时调整信贷政策和措施。

（二）分散风险的金融产品设计与市场化分担

数字金融系统设计了一系列分散风险的金融产品，鼓励农户分散投资以降低风险。例如，平台推出的“互助保险”模式由农民自愿参与，互相承担部分风险，降低个体风险。同时，平台还与第三方金融机构合作，联合分担金融风险，确保农村金融的稳健性。分散风险的金融产品和市场化的风险分担机制，不仅减轻了农民的财务压力，也提高了农村金融体系的抗风险能力。

（三）大数据分析下的反欺诈与风险控制

农村金融市场面临的一个风险是欺诈行为，系统利用大数据分析和人工智能算法对潜在的欺诈行为进行识别。例如，系统能够检测异常的贷款申请行为，如同一用户在短期内多次申请贷款，或使用不同账户频繁交易等。通过风险控制的反欺诈系统，平台可以自动将可疑行为报告给金融管理部门，采取相应措施保障资金安全。数字化反欺诈功能有效降低了欺诈行为的发生概率，为农村金融市场提供了安全的经营环境。

（四）金融教育与风险意识提升

数字金融平台通过普及金融教育，提升农民的风险意识，帮助他们更好地识别金融产品的风险。例如，平台设立风险教育专区，提供有关信贷风险、理财

产品风险等的知识讲解。农民在作出投资决策之前，可以在平台学习风险管理的基础知识，避免盲目投资或过度借贷。金融教育的推广不仅提升了农民的理财能力，也有效减少了因金融知识不足而产生的风险事件。

第八节　数字技术与乡村基层干部能力提升

一、乡村基层干部信息化技能培训

（一）信息化技能基础培训与模块化课程设计

乡村基层干部在乡村治理中肩负着推动数字技术应用的责任，因此开展信息化技能基础培训至关重要。培训课程需要以模块化的方式进行设计，涵盖基础的计算机操作、数据输入、互联网应用和数据安全等内容。通过逐步深入的课程安排，乡村基层干部能够从基本的计算机操作技能入手，逐步掌握数据管理、系统操作等核心技能。模块化培训的设计便于乡村干部根据个人技能水平灵活选择课程，确保培训内容的针对性与实效性，帮助他们在最短时间内适应数字化的工作环境。

（二）分级进阶培训与专题技能拓展

为了进一步提升乡村基层干部的信息化技能，分级进阶培训能够有效补充基础课程内容。例如，对已经具备一定基础的乡村基层干部，可安排数据分析、在线服务管理、信息系统维护等更为高级的课程。专题技能拓展模块包括视频会议技术、远程监控管理等实际应用场景，可以帮助乡村基层干部应对复杂的数字化治理需求。通过分级进阶和专题拓展培训，乡村干部的信息化技能得以持续提升，能够更好地适应乡村治理中不断变化的数字化要求。

（三）数字素养提升与安全意识培养

在信息化技能培训中，提升乡村基层干部的数字素养与数据安全意识是必不可少的环节。乡村基层干部不仅需要掌握数字工具的操作方法，还要具备判断网络信息真实性、数据安全性等能力。培训中引入网络安全教育，特别是对信息泄露和数据保护的防范措施，提高乡村基层干部在处理个人和集体数据时的谨慎性与专业性。通过这样的数字素养培训，乡村基层干部能够在信息化治理中更好地保护村民隐私，确保数据安全。

二、乡村基层干部在数字化治理中的作用

（一）数据采集与村级治理系统的操作

在数字化治理中，乡村基层干部作为直接执行者，承担着重要的操作与数据采集职责。乡村基层干部需要熟练操作村级治理系统，通过系统录入村民信息、土地使用情况、公共服务需求等关键信息。这些数据不仅能够为管理层的决策提供依据，还能够通过智能分析发现乡村治理中的薄弱环节。在日常工作中，乡村基层干部需确保数据的准确性与完整性，利用数据采集的实时反馈功能，推动乡村治理的精细化和科学化。

（二）数据反馈与民意调研

乡村基层干部在收集数据的同时，也是民意调研的直接实践者。乡村基层干部利用数字平台的反馈系统，对村民的意见、需求、疑问进行收集，确保乡村治理政策的制定以民意为导向。通过数字化调研平台，乡村基层干部可以快捷获取村民的真实反馈，如对政策实施后的满意度调查、服务覆盖率评估等，精准了解民众诉求，确保治理措施能够真正符合村民的需求。

（三）协调数字资源配置与基层服务

乡村基层干部在数字化治理中承担着协调资源配置的作用。根据村民的需

求和数据分析结果，乡村基层干部能够借助系统进行精准的资源配置，避免资源浪费。例如，根据实时需求分配医疗资源、教育资源和经济补助等，将数字化治理优势延伸到村民的日常生活。乡村基层干部在这种资源协调中发挥着关键的桥梁作用，不仅使资源管理更加科学，还提升了数字治理的服务效能。

三、数字技术助力乡村基层干部治理效率提高

（一）任务分配与进度跟踪系统的使用

数字技术在乡村治理中体现在工作流程的优化上。乡村基层干部可以借助任务分配系统，将工作任务细化并分配到具体责任人，并设定时间节点和进度检查。例如，针对卫生清洁、基础设施维护等事务，系统会自动生成任务清单，乡村基层干部能够随时查看任务的完成情况和进度，避免遗漏。进度跟踪系统不仅简化了管理流程，还提高了工作任务的透明度，使各项任务在规定时间内高效完成。

（二）数据驱动的政策执行与工作简化

通过数字技术，乡村基层干部可以利用数据分析结果制订科学的政策执行方案。数据驱动的治理方式帮助乡村基层干部发现村庄的重点问题并集中资源解决，如通过健康数据识别出高风险群体，优先开展医疗服务。数据分析的辅助作用简化了政策执行的复杂度，乡村基层干部能够更专注于高优先级任务的管理，减少不必要的重复劳动，在有限的时间内完成更高质量的工作。

（三）远程协作与多部门联动

数字技术还使远程协作和多部门联动成为可能。通过线上会议、文件共享、信息发布等数字工具，乡村基层干部在不同地理位置也可以高效协作。例如，乡村建设涉及多部门，乡村基层干部通过数字平台共享信息，与相关部门实时沟通，快速解决问题。远程协作的高效性显著提升了基层治理的响应速度，使乡村基层干部能够快速应对突发情况，确保乡村治理更加顺畅。

四、乡村基层干部参与数据分析与决策

（一）数据分析技能的提升与实际应用

乡村基层干部在数字化治理中不仅是信息的采集者，还是数据分析的重要参与者。乡村基层干部通过掌握基础的数据分析技能，能够有效解读乡村治理中的各种数据，发现治理薄弱环节，并据此调整策略。例如，通过分析村民的年龄分布数据，乡村基层干部能够预测未来的教育需求或医疗资源需求，并提前准备应对措施。数据分析技能的应用使乡村治理更加精细，乡村基层干部的决策质量也随之提高。

（二）数据可视化技术在治理中的应用

在数据分析过程中，数据可视化技术的应用能帮助乡村基层干部更清晰地了解村庄的治理情况。通过图表、地图等形式直观展示数据变化趋势和重点问题，乡村基层干部能够在可视化的支持下更快地识别关键问题。如利用数据地图显示农田分布情况或农户收入水平，使乡村基层干部能够快速了解经济分布特征，确定资源分配的优先级。数据可视化的应用不仅提高了信息的理解力，还推动了治理过程的公开透明。

（三）参与式决策中的数据支持与评估

乡村基层干部在参与乡村治理决策时，数据分析结果可以作为决策依据。干部在参与式决策中利用数据进行论证和支持，使决策过程更加科学。以农村环保治理为例，干部可以根据土壤和空气质量数据，决定优先采取的治理措施。数据支持不仅提升了决策的合理性，也使决策结果能够接受村民和管理者的监督，实现治理的科学性和透明化。

五、乡村治理人才的数字化培养路径

（一）数字化教育与技能储备

乡村治理人才的培养需要长期的教育规划。乡村治理需要结合实际需求，设计一套符合村情的数字化技能课程，包括信息管理、数据分析、技术维护等模块。通过系统的培训和数字技术实践，逐步提升乡村治理人才的数字化素养。课程设计注重理论与实践相结合，培养乡村基层干部在治理中独立应用数字技术的能力，使他们能够应对多种治理挑战。

（二）青年干部数字化能力的提升

在乡村治理人才的培养中，青年干部是数字化能力提升的重点对象。通过技能竞赛、技术比拼等方式激发青年干部的学习兴趣，帮助他们快速掌握数字化治理技能。平台还可以通过导师带教制度，安排数字技术专家对青年干部进行一对一指导，帮助他们提升实操技能和创新能力。青年干部的培养对乡村治理现代化具有重要的推动作用，为未来的乡村治理储备了一批数字化人才。

（三）数字治理的团队建设与协同合作

乡村治理的数字化转型依赖团队协作，因此在人才培养过程中应注重团队合作的建设。通过集体培训、线上学习小组等方式，培养乡村基层干部的团队协作能力，使他们在治理过程中能够相互支持。例如，乡村基层干部在政策实施中可共同分析数据，提出多样化的治理方案。通过团队合作，数字治理的工作效率和决策科学性得到显著提高，村干部的整体工作质量也得以提高。

（四）数字技术应用的案例学习与实践

为了提升乡村基层干部的实际操作能力，案例学习和实践是数字治理人才培养的必要手段。乡村治理系统可以通过展示成功的数字化治理案例，让乡村基层干部直观了解数字技术在不同治理情境中的应用。平台还为乡村基层干部提供实践操作的机会，如模拟数据分析、政策决策等，从而积累数字化治理的经验。

案例学习不仅提升了乡村基层干部的应用能力，也为乡村治理数字化提供了丰富的实践指导。

（五）长期的数字技能提升机制与持续培训

数字化技术的快速发展对干部技能提出了更高的要求，因此乡村治理需要建立长期的数字技能提升机制。乡村干部定期参与进阶课程和新技术培训，以应对不断变化的数字化需求。例如，每年安排一次信息系统更新培训，帮助乡村干部掌握最新的数字治理工具。持续的培训机制，确保乡村干部的技能始终适应数字化治理的需求，为乡村治理的现代化提供了稳定的人才保障。

第九节　数字技术支持乡村法治建设

一、村民法律教育的数字化资源

（一）法律知识库的在线建设与访问

数字技术的引入为村民法律教育带来了丰富的在线资源。法律知识库通过互联网平台搭建，涵盖婚姻家庭、土地承包、财产纠纷等与村民生活密切相关的法律法规。村民可以随时随地通过手机或电脑访问该知识库，快速查询到所需的法律信息。知识库中的内容经过通俗化处理，使村民能够更容易理解法律条款，掌握解决日常纠纷的基本法律知识。在线知识库不仅降低了村民获取法律知识的门槛，还推动了基层法治教育的普及。

（二）视频课程与案例学习的应用

为了进一步增强法律教育的效果，平台可以推出视频课程和典型案例学习模块。法律专家和律师通过短视频和直播讲解村民关心的热点法律问题，如土地

流转、邻里纠纷、合同签署等，让村民在互动中学到实际的法律知识。同时，通过案例库展示真实的法律纠纷处理过程，村民可以更直观地理解法律的适用场景。这种学习方式有助于提升村民的法治意识，帮助他们在日常生活中学会利用法律工具解决问题。

（三）在线问答与法律咨询服务

为满足村民的个性化法律需求，平台可以设置在线问答和咨询服务模块。村民可以通过文字或语音提出法律问题，由专业法律顾问在线解答。对于一些典型问题，平台会将答案收录至公共问答库，供其他村民参考。这种互动式的法律教育模式提高了村民的法律知识获取效率，同时帮助他们解决了实际生活中的法律困惑。在线咨询不仅强化了村民的法律素养，还逐步培养了他们在遇到法律问题时主动寻求帮助的意识。

二、乡村矛盾调解平台的数字化运行

（一）数字化纠纷登记与调解管理

乡村矛盾调解平台通过数字化的方式对纠纷进行统一管理，村民可以在线提交纠纷登记表，填写相关的纠纷类型、涉及人员等基本信息。平台根据数据进行初步分析，并将纠纷分配给合适的调解员。调解员通过在线管理系统了解纠纷背景，制订调解方案。这样的数字化运行模式使调解过程更加便捷和规范，为村民提供了一站式的矛盾调解服务，同时提高了调解员的工作效率和调解的成功率。

（二）在线调解会议与视频调解服务

数字技术的应用使在线调解成为可能，平台提供视频调解功能，村民在家中即可参与纠纷调解会议。视频调解降低了村民出行的成本，特别适用于居住在偏远地区的村民。在调解过程中，双方在调解员的指导下可以通过屏幕沟通，使调解过程透明、公开。视频调解服务不仅提高了调解效率，也增进了调解的公平

性和公正性，有效解决了传统调解模式中时间和空间的限制问题。

（三）纠纷处理的电子档案管理与追踪

为保证调解工作的有序进行，平台为每一个纠纷建立电子档案，详细记录调解过程中的每一个环节和结果。村民可以通过档案系统随时查询调解进度，了解自己纠纷的处理情况。电子档案管理还能够为后续的调解工作提供重要的参考信息，避免因信息缺失导致重复纠纷或处理误差。电子档案的建立不仅使调解流程透明，还提升了乡村矛盾处理的系统化和长期性。

三、基层法律援助系统与普法推广

（一）法律援助申请的数字化便捷通道

基层法律援助系统在数字化技术的支持下，能够为村民提供更加便捷的申请通道。村民通过手机或电脑即可提交法律援助申请，填写个人信息和案件描述，系统根据申请信息自动分配法律援助资源。数字化的申请通道简化了村民的申请过程，使法律援助的覆盖范围更广。对于经济困难或面临复杂法律问题的村民，数字化法律援助系统能够提供更及时的法律支持。

（二）普法宣传与法律意识培养的多媒体推广

数字技术为普法宣传提供了多媒体化的推广方式，基层法律援助系统通过动画视频、短片、直播等形式，向村民推广基础法律知识。例如，系统定期推出“法律小课堂”栏目，通过简短的视频向村民普及民法典等知识，提升村民的法律意识。普法宣传的多媒体化不仅提升了村民的学习兴趣，还帮助他们更深入地理解法律内容，增强了他们的法治观念。

（三）公共法律服务资源共享平台

为扩大普法宣传的覆盖面，基层法律援助系统可以建立公共法律服务资源共享平台。平台将村级、乡镇、市县三级的法律援助资源整合在一起，村民可以

查找到附近的法律援助机构、律师事务所、法律咨询点等资源。通过共享资源，村民可以更便捷地获得所需的法律服务。公共法律服务资源共享不仅优化了资源配置，还为法律援助的有效普及提供了技术支持。

四、数字化法治宣传与村民参与

（一）法治宣传的社交媒体推广与网络直播

数字化法治宣传通过社交媒体和网络直播的形式推广法治理念。平台可以通过微信、抖音等社交媒体向村民推送普法信息，使法律知识的传播更加便捷。同时，平台定期举办法治宣传的网络直播活动，邀请法律专家、律师进行线上讲座，解答村民的法律疑问。这种宣传形式让村民能够及时获取最新的法治知识，增加了村民的参与度和互动性，使法治宣传的效果更加显著。

（二）互动问答与在线知识竞赛

为了激发村民参与法治宣传的积极性，平台可以设计互动问答和在线知识竞赛活动。通过在线答题，村民可以测试自己的法律知识，提升法律意识。竞赛结束后，平台会颁发证书或奖励，为表现优异的村民提供一定的激励。互动问答和知识竞赛的形式让法治宣传活动更加生动有趣，增强了村民的法律素养，有助于在乡村形成积极参与法治建设的氛围。

（三）村民代表参与法治宣讲与监督

在法治宣传中，村民代表的参与能够发挥更大的影响力。平台可以邀请村民代表参与法治宣讲活动，由村民代表讲解法律案例，分享实际生活中的法律应用经验，使法治宣传更加接地气。村民代表还可以监督法治宣传的执行情况，提出改进意见。通过村民代表的参与，法治宣传活动不仅增强了传播效果，也增强了村民对法律知识的理解和认同。

五、乡村法律服务网络的普及应用

（一）村级法律服务站的数字化接入

乡村法律服务网络可以通过数字化手段将村级法律服务站接入乡村治理系统。村民在家即可通过数字平台咨询法律服务站的工作人员，获取基本的法律建议。法律服务站还可以通过视频会议系统提供远程法律咨询，减少村民前往服务站的时间成本。村级法律服务站的数字化接入不仅让村民的法律服务需求得到了更好的满足，还提高了法律服务的覆盖率。

（二）移动端法律服务与普法资源的便捷获取

为方便村民获取法律服务，乡村法律服务网络可以开发移动端应用，让村民可以通过手机轻松访问法律服务资源。应用中整合了法律文书模板、法规查询、案例学习等模块，村民可直接下载并使用。移动端法律服务的普及便捷了村民的生活，使他们在遇到法律问题时能够随时找到解决方案。移动端的便捷性也加速了法治观念在乡村的普及和推广。

（三）法律服务平台的全流程跟踪与反馈机制

法律服务平台设计了全流程跟踪功能，村民的每一个法律服务申请都能被实时监控。系统会记录从申请到服务结束的每一个环节，村民可以随时查看自己的案件进展情况。平台还设有反馈机制，村民可以在服务结束后对服务质量进行评价，提出意见。全流程跟踪和反馈机制不仅提升了法律服务的透明度，还帮助法律服务平台不断改进服务质量。

（四）基层法治建设的长效机制与数字支持

为了确保法治建设的持续性，乡村法律服务网络可以在数字化支持下建立长效机制。平台通过数据分析法律服务的需求变化，优化服务资源配置，同时定期推送新的法治宣传内容。长效机制的建立保证了法治建设不会因时间推移而弱

化，数字技术的支持使服务网络能够更好地适应村民的法律需求，真正实现法治的长期普及。

（五）乡村法治协同发展的多层次网络

乡村法律服务网络还可以依托数字平台构建村、乡镇、县级的多层次法治协同网络。不同层级的法律资源在平台上实现无缝对接，村民的法律需求若无法在村级服务站得到满足，可以直接转至乡镇或县级法律机构。多层次的法治网络不仅扩大了法律服务的深度和广度，还提高了法治建设的整体水平，确保乡村治理现代化进程中的法治保障。

第四章　农民可持续发展概述

第一节　农民可持续发展的基本内涵

一、“农民”与“可持续发展”的理论融合路径

（一）“农民”主体在发展理论中的逻辑定位

在乡村社会结构中，农民作为农业劳动者与农村居民的复合型社会角色，是乡村治理结构的重要组成部分，也是乡村社会稳定与农村经济发展的直接参与者。但长期以来，许多发展理论从宏观层面分析农业、农村、城乡关系，却缺乏对农民个体行为与发展权的深入剖析。为回应这种结构性缺位，联合国可持续发展目标（SDGs）明确提出“消除贫困”“消除饥饿”“优质教育”“性别平等”等多项与农民生存发展直接相关的目标，凸显了农民在全球发展体系中的战略性角色。

以“人本发展”理论为代表的现代发展学派强调发展的最终目标应指向人的自由与尊严的实现，这一理论为农民的主体性确立提供了理论支点。阿玛蒂亚·森（Amartya Sen）提出的“能力方法论”（Capability Approach）进一步强调赋权与能力提升在发展中的核心作用，尤其适用于分析农民如何在制度、资源、

技术等多重约束中实现自我发展，不仅将农民的自由与选择权置于发展的核心，也揭示了农民在信息不对称等约束下实现公平发展的结构性问题，为构建以农民为中心的可持续发展理论路径提供了思想基础。

（二）“可持续发展”范式下农民问题的重新定义

“可持续发展”自 1987 年联合国世界环境与发展委员会的《我们共同的未来》报告提出以来，已成为全球发展共识。该理念强调在满足当代人需求的同时，不损害后代人满足其需求的能力。在这一广义框架下，“农民”的定义已不再局限于传统的土地耕作者，而是转变为在生态农业、社区治理、农村经济乃至乡村数字化转型中发挥复合性作用的综合型主体。

在我国，农业农村现代化、数字乡村战略、“三农”问题的统筹推进，都在推动农民向“发展主体”转型。这一转型标志着“农民”已成为可持续发展体系中的能动性行为者，其可持续性不再仅仅依赖生态保护与收入增长，而是体现在制度保障、能力建构与数字参与等多个维度。

学术界开始以更为综合的指标体系审视农民发展的可持续性。如经济合作与发展组织与联合国粮食及农业组织在其联合发布的农业可持续性评价框架中，将“农户福利”“社区韧性”“制度适应性”等作为关键变量纳入分析；我国学者也日益重视农民在乡村治理、文化传承与数字协同治理中的作用。这些理论发展为“农民可持续发展”的融合奠定了多维度的评价标准与理论基础。

（三）融合数字技术视角下的农民发展逻辑演化

随着信息化、智能化浪潮加速推进，数字技术在重塑农村发展环境的同时，也深刻改变了农民的生产组织方式、治理参与路径和发展逻辑。从移动互联网、大数据到人工智能、区块链等数字技术的广泛渗透，农民不仅成为数字信息的使用者，也逐步转变为数据的生产者与治理的参与者。

“数字农民”概念的提出，是农民可持续发展理论体系对时代变革的回应。这一概念强调农民在数字技术生态中，具备基本的信息识别、技术应用、平台参与和数据表达能力。例如，在数字乡村平台中，农民可以通过政务系统参与村务

监督、通过电商平台拓展农产品销售、通过学习平台提升职业技能、通过社交媒体表达自身诉求。

数字技术的引入也促使可持续发展的评价标准发生变化。传统的“收入—就业—生态”三维指标体系，逐步向“数据参与—数字素养—技术适应”扩展。在乡村治理体系中，农民在数字空间的可见度成为其参与治理合法性的重要基础，而这种可见度的提升又要求其具备一定程度的媒介素养与平台能力。因此，数字技术不仅重构了农民可持续发展的实现手段，也深刻改变了发展权的获取路径。

（四）乡村治理现代化进程中的农民理论嵌入

将农民可持续发展置于乡村治理现代化的大背景中考察，能够更好地理解“理论融合路径”的现实意义。在当前国家推动“党建引领、村民自治、法治保障、德治教化、智治协同”五位一体乡村治理模式的大背景下，农民是治理共建共治共享的“行动者”。

理论上，治理现代化对“农民”角色的再定义促使相关理论范式发生转向。传统自上而下的制度治理思维已无法完全覆盖乡村多元主体诉求。在治理结构不断数字化、平台化的趋势下，农民的数字治理能力与协同治理素质成为治理绩效提升的核心变量之一。这一变化推动理论界将“治理能力”纳入农民可持续发展的重要指标，与传统的“收入”“教育”“生态”指标体系并列，从而形成更加贴合数字治理现实的理论建构框架。

在多元协同的数字治理实践中，农民不仅需要具备基础的参与意愿和知识结构，还需要在技术逻辑中具备一定程度的程序性表达能力，这对传统理论体系提出了新的挑战。对此，必须加强以农民为中心的治理能力研究，推动“农民参与型治理”范式在可持续发展理论中的融合与转化。

二、“农民可持续发展”与“农业可持续发展”的区分

（一）概念内涵与理论起点的根本差异

“农民可持续发展”与“农业可持续发展”虽然在语言形式上高度相似，且

都处于乡村发展话语体系之中，但两者在理论内涵、研究起点与价值取向等方面存在根本性差异。

“农业可持续发展”起源于20世纪80年代生态经济学兴起之际，其核心关注点在于农业系统在资源环境约束下的长期可持续性，强调自然资源的保护、生态系统的平衡以及农业产出的稳定性。这一概念广泛应用于农业生态系统、农业环境治理、粮食安全战略等领域，重心是“系统—生产—环境”三位一体的协调。

“农民可持续发展”明确以农民个体及其群体为分析单元，强调其在经济、社会、文化、政治和生态五维空间中的主体性、能动性与发展权。其理论起点是“人”的可持续发展问题，强调在制度结构、资源配置与治理体系中实现农民“作为人”而不仅是“农业劳动力”的全面发展。这一视角回应了长期以来在农业现代化进程中对农民角色的物化与工具化倾向，试图重建农民发展的伦理与权利基础。

从理论归属看，“农业可持续发展”更接近于自然科学与生态经济学的跨学科交叉范畴，而“农民可持续发展”则属于发展伦理学、政治经济学、乡村治理学等人文社会科学体系的延伸，是可持续发展以人为本理念在基层实践中的深化体现。

（二）评价体系与研究视角不同

农业可持续发展的评价体系主要依托自然资源利用效率、生物多样性保护、农业投入产出结构、能源消耗与碳排放水平等生态指标。例如，在联合国粮农组织提出的农业可持续性评估框架中，重点聚焦于土壤质量、水资源管理、农业污染控制及农业生态系统稳定性等方面。

相比之下，农民可持续发展的评价更侧重于人的福利与能力，包括收入水平、受教育程度、社会参与、权利保障、文化传承与生态素养等指标。在我国学术界，随着对农民主体研究的不断深入，逐渐形成了以“经济保障—社会融入—能力提升—生态认同”为核心的多维度评估结构。例如，北京大学等高校的乡村研究团队近年来提出将“农民的制度性融入能力”纳入农民发展的可持续性指标，以衡量农民与国家制度体系的对接程度。

这种评价体系的差异源自研究视角的不同：农业可持续性侧重技术层面，

追求可控与效率；农民可持续性侧重制度安排，强调公平与赋权。因此，将两者混淆，容易导致农民主体在政策设计与治理实践中被“数据化”“工具化”，进而忽略其复杂的社会属性与发展诉求。

（三）政策导向与发展逻辑不同

农业可持续发展的政策导向往往聚焦于现代农业技术推广、绿色农业投入替代、生态环境治理与气候适应能力建设，其治理模式主要体现为“自上而下”的技术治理或资源调控。在实践中，这类政策在提高农业整体生态效率的同时，往往未能充分考虑农民在其中的利益分配结构与参与能力。例如，在实施“化肥减量”“农药替代”等农业绿色发展政策时，部分地区出现了农民收益下降问题。这反映出如果忽略农民的能动性与治理协商空间，即便生态效益可期，也可能对农民的生计可持续性造成实质性冲击。

农民可持续发展的政策逻辑更加注重“权利与能力”的双重赋能，强调政策的参与性、公平性与包容性，包括农民组织建设、土地权益制度改革、数字素养提升项目、农民职业教育体系等均属其核心内容。这类政策主张将农民从被动接受政策的对象转变为政策制定与治理过程的共治者，使其成为制度创新与治理现代化的积极参与者。

因此，从政策演进逻辑看，农业可持续发展多以系统目标为导向，而农民可持续发展则以个体福祉为核心。在未来的乡村发展中，两者需要形成互补而非替代关系，以确保“农业好，农民也好”。

（四）数字技术变革对两者关系的重塑

数字技术的普及对农业与农民的可持续发展路径均产生深刻影响，但其在两者间的作用方式却存在本质不同。

在农业可持续性层面，数字技术主要通过数据采集、远程监控、精准施肥、智能灌溉等手段实现农业生产方式的绿色转型。这类以“技术—系统”为主线的路径，注重效率与资源配置的最优化，体现为技术治理逻辑的强化。

在农民可持续发展中，数字技术被赋予更强的社会属性。其不仅提升了农

民获取信息的能力、拓宽了农民参与治理的渠道和表达诉求的空间，还推动了社会关系网络与文化认同方式的重构。农民通过政务平台参与村级事务，通过社交媒体表达集体意愿，通过直播带货拓宽经济空间，实质上成为乡村数字化治理与数字经济生态系统中的关键节点。

数字技术正在打破农业与农民之间的传统分工边界。在传统农业社会中，农民被“嵌套”于农业之中，其发展路径从属并依赖农业系统的变化，而在数字时代，农民可以通过非农业路径实现自我发展，如数字技能培训、电商创业、信息服务等新职业形态。这种结构性的转向意味着，农业可持续性不再是农民可持续发展的充分条件，农民需要建立更加独立、更加丰富的路径逻辑。

（五）融合协调路径的构建：从系统逻辑到主体逻辑的转换

尽管农业可持续发展与农民可持续发展存在显著差异，但两者并非彼此对立。在实际政策设计与学术研究中，两者可以形成互补逻辑，通过路径整合实现“双轨共赢”。

从系统逻辑出发，在绿色技术推广、土地资源利用、农业生态系统保护中，嵌入对农民行为激励与能力建设的机制设计，防止绿色技术政策造成的农民利益损失或发展失衡。

从主体逻辑入手，在推动农民发展的过程中引入农业系统视角，帮助农民理解生态文明建设的内在要求，提升其生态认知、环境责任与绿色生产能力，实现“生态现代农民”的群体塑造。

在数字化背景下，应建立以农民为主导的数字农业协同治理机制，构建农业技术系统与农民发展目标的良性互动。例如，探索“农民数据合作社”“农民参与型技术评估机制”“智慧村务共建平台”等模式，打通农业系统效率提高与农民权益保障之间的壁垒。

制度性融合、路径性对接与技术性联通，可望在实现农业可持续发展目标的同时，真正将农民主体置于可持续发展战略的中心地位。

三、农民可持续发展的目标、层次与指标体系

（一）农民可持续发展的目标体系：从生存保障到全面发展

农民可持续发展的目标体系，是在国家现代化进程与全球可持续发展议程相互嵌套中不断演化而成的，其核心在于确保农民作为发展的主体能够拥有稳定生计、获得基本保障、实现价值提升并最终实现代际延续的持续发展能力。这一目标逻辑不同于传统以农业产出或农村物质改善为中心的发展目标，它强调从人的全面发展视角出发，构建一个涵盖生计、权利、能力、生态、社会关系等多维度的目标体系。

从理论维度来看，农民可持续发展的目标体系主要体现以下几个方面。

1. 生计保障与收入可持续性

农民发展的首要目标仍是解决其基本生存问题，包括土地使用权稳定、收入来源多元化、劳动权利保护以及应对自然与市场风险的能力建设。实现生计安全是农民参与乡村治理和社会生活的基础。

2. 发展权的制度性保障

对于农民而言，保障其平等获取公共资源、表达自身利益诉求、参与公共事务与社会治理，是其可持续发展不可或缺的制度条件。

3. 能力建设与自主性提升

农民发展的长期目标不应停留在“脱贫”或“富裕”层面，而应向“可控自身发展路径”演进。这需要通过教育、技术培训、社会组织赋能等手段，提升其认知、技能与协同能力。

4. 生态环境适应能力的构建

农民长期依赖自然资源从事农业生产，其对生态环境的依赖性和敏感性决定了其发展必须与环境可持续紧密结合。绿色农业实践、气候变化适应性建设、生态素养提升等，是生态维度目标的基本内涵。

5. 社会融入与治理参与的权利

农民的发展包括其在社会结构中的尊严与话语权，尤其是在数字治理环境

下，其参与村务、表达意见、实现自我治理的能力，成为现代乡村治理能否有效运行的关键要素。

以上目标构成了农民可持续发展的总体导向，也体现出该发展理念从生存保障向“权利型—能力型—协同型”全面发展的递进逻辑。

（二）农民可持续发展的层次结构：多维集成与内生进阶

农民可持续发展并非静态目标的堆叠，而是一个具有内在逻辑的层次性过程。从发展阶段与现实条件出发，可将其划分为三个相互嵌套、逐步提升的发展层次。

1. 基础层：生存与基本保障维度

该层级关注农民基本生计的可持续性，核心问题包括温饱保障、收入稳定、基本医疗与教育资源可及性、住房与生活条件改善等。数字普惠金融、农村最低生活保障制度、农村合作医疗体系等，都是该层面的关键支撑手段。

2. 中间层：权利保障与能力提升维度

在基本生存保障基础上，农民进一步要求获得更全面的发展权。这主要包括土地权属的明晰与流转机制保障、参与村级治理的权利落实、职业教育的制度化建设等。该层级强调农民向“自主发展者”的身份转换。

3. 高阶层：主体性实现与生态系统协同维度

该层级的核心是农民个体或群体实现自我发展、自我管理与生态系统的协同互动。具体表现为：农民作为乡村规划共建者、绿色生产践行者、数字平台参与者，在发展中实现经济效益、社会参与与生态保护的多维协同。这一层级体现的是新时代背景下“数字治理—社会协商—生态文明”融合下的主体性实践。

这三个层次并非线性发展，而是在不同地区、不同群体间交错推进。因此，政策推动与理论研究应因地制宜，遵循层级逻辑，注重阶段特征。

（三）农民可持续发展的指标体系构建：多维度、可衡量与动态演进

为科学评价农民可持续发展的实际进程与政策绩效，建立一套以农民为核

心的指标体系至关重要。当前国内外在农民发展评估方面已形成一些有价值的探索。如联合国开发计划署提出的人类发展指数（HDI）、世界银行的农村可持续性评估模型、清华大学“农户可持续发展指数”等，均为构建本土化指标体系提供了参考。

结合我国国情与乡村发展现实背景，农民可持续发展的指标体系应包括以下五大维度。

1. 经济维度

（1）农民年人均收入及其结构比例（如农业、非农、自主创业）。

（2）农户资产状况（如耕地、住房、生产工具）。

（3）劳动参与率与就业稳定性。

（4）金融服务可及性（如贷款、保险、数字支付）。

2. 社会维度

（1）教育水平（如初中及以上占比、终身学习参与度）。

（2）医疗保障覆盖率与健康状况。

（3）社会组织参与度（如合作社、农民协会）。

（4）公共服务满意度与获取便利性。

3. 能力维度

（1）技能培训参与频次与覆盖率。

（2）数字技术使用能力（如智能手机、政务 App、电商平台）。

（3）农民自身问题解决能力评估。

（4）农户家庭内的性别协同发展能力。

4. 生态维度

（1）农民绿色生产实践普及率。

（2）土地资源利用效率与生态恢复程度。

（3）生态补偿机制的参与度。

（4）环境保护意识与行为转化能力。

5. 治理维度

（1）村级事务参与率（如投票、协商、监督）。

（2）意见表达渠道的可及性与信任程度。

（3）数字平台使用参与村务（如“数字村务”App 登录率）。

（4）法治素养与制度认知水平。

该指标体系强调可测量性、可操作性与动态调整能力，既能够量化农民的生存与发展状态，也能反映其参与乡村治理与社会协同的过程性成果。同时，数据来源应多元化，兼顾统计部门、地方政府平台、农户自报、第三方调查等多种方式，提高指标数据的真实性与可比性。

四、从“生计—权利—能力—环境”视角界定发展逻辑

农民可持续发展作为一个多维度、动态化的过程，其复杂性远非单一经济或生态变量所能解释。传统发展理论往往从生产效率、生态负荷或收入增长角度衡量农民发展状况，但忽视了其在社会结构中的地位及其多样化的生存逻辑。为纠正这一偏差，学术界逐步形成了以“生计—权利—能力—环境”为核心的综合性发展视角，强调从人的基本需要出发，关注其获得可持续发展的实际路径与制度保障。

该视角根植于可持续生计分析、发展伦理学、人本主义发展理论以及生态文明建设的多重理论支撑。联合国开发计划署、世界银行等国际机构也逐步采用类似的多维框架对基层群体特别是农民群体进行发展能力评估与政策干预。这一视角不仅拓宽了对农民发展的理解边界，也为制定更具包容性和可操作性的政策工具提供了理论基础。

（一）生计：农民发展的现实基础

在农民发展逻辑中，“生计”既是生存的基本保障，也是其发展活动的出发点。生计问题涵盖收入来源、土地资源、劳动力使用、社会保障、生活必需品获取等一系列现实问题，构成了农民群体最基本的发展底线。

长期以来，我国农民以土地为核心的自然生计模式逐步向“农业 + 非农”混合型生计过渡，尤其是在城市化与劳动力迁移背景下，外出务工、家庭手工业、农村电商等模式成为重要补充。

数字技术的引入为改善农民生计提供了新的工具与路径。例如，数字普惠金融提升了农民的融资可及性，智慧农业提高了农产品附加值，农村电商拓宽了产品销售渠道。然而，这一转型同时带来了对信息素养与平台适应能力的新要求，部分中老年农民、教育水平较低的群体甚至因技术门槛而被拦在“门”外。因此，生计改善不仅是收入问题，更是系统性能力与结构性条件的体现。

在生计逻辑中，应坚持“安全—多元—可持续”的原则：保障基本生活底线、推动收入结构多元化、实现资源利用与生计方式的长期稳定。实现这一目标必须强化基础设施建设、完善农村社保体系、健全农业补贴机制与风险防控体系，同时加强农民数字适应能力建设。

（三）权利：农民发展的制度保障

农民可持续发展不仅是经济发展的过程，更是制度发展的过程。“权利”在此语境中，不仅包括生存权、发展权、受教育权、劳动权、参与权等基本人权内容，也涵盖农民在制度运行体系中的地位、身份与话语能力。

随着乡村治理现代化进程的推进，国家重视以制度设计实现农民权利的保障。一方面，通过推进农村土地制度改革、农业补贴制度优化、农村医疗保险与养老体系扩展，逐步实现农民经济社会权利的制度化保障；另一方面，通过发展“村民议事协商”“数字村务平台”“网格化管理”等机制，拓宽农民在基层治理中的表达与协商空间。

在数字治理背景下，“权利保障”面临新的挑战与机遇。一方面，政务数字化降低了农民获取政策信息与参与治理的门槛；另一方面，平台逻辑可能强化信息不对称与技术壁垒，使得不同能力水平的农民之间形成差别。因此，应强调农民数字权利的制度性建构，包括数字身份、数据隐私保护、参与村务数据平台的知情权与决策权。

“权利”是农民发展逻辑中的制度基础，需通过制度嵌入与规则设计，确保其在治理结构中的合法地位，并通过教育、组织与平台技术不断增强其可得性。

（四）能力：农民发展的内生动力

农民是否具备可持续发展的能力，是衡量其是否能够从“生计依赖”走向“主

体发展”的核心标准。在阿玛蒂亚·森提出的发展框架中，“能力”不仅指个人技术与知识水平，还指其实现有价值生活选择的现实机会与资源。

农民能力结构通常包括生产能力、经营能力、信息获取与利用能力、组织协调能力、政策认知能力与数字技术适应能力。在传统农业社会中，农民的能力主要体现在种养技术与家庭生产经营上，而在现代社会中，这一能力体系需扩展至产业转型、市场参与、社会协作与公共事务中。

“数字能力”是近年来能力体系中的核心变量。随着数字农业、远程教育、电商平台、移动支付等手段深入乡村，农民能否熟练使用数字工具、识别虚假信息、进行线上协商与治理参与，成为衡量其适应现代社会能力的重要标准。数字素养已不再是“可选项”，而是“发展门槛”。

同时，能力建设需要系统性支持。一方面，应强化农民职业教育体系、农村成人教育与技能培训体系，推动学用结合、训管一体；另一方面，应培育农民合作社、社区组织等能力中介，推动知识、信息、资源等的组织化传递。在数字治理体系中，还应建立农民能力评估与反馈机制，实现数字乡村建设与农民能力提升协同发展。

（五）环境：农民发展的生态支撑

环境不仅是农民赖以生存的自然基础，也是其参与生态治理、推动绿色转型、构建乡村人地关系的战略空间。环境维度既包括自然资源状况（如水土、空气、生态系统完整性），也涉及农民与环境之间的交互方式和生态意识。

农民既是生态系统的用户，也是生态环境变化的承压者和生态治理的参与者。随着工业污染与气候变化等问题加剧，农民在面临发展压力的同时，也承担着生态代价，如耕地污染、地下水枯竭、气候不稳定带来的作物收获风险等。

当前，绿色生产方式正在被逐步推广，绿色种植、生态养殖、农业废弃物资源化等实践越来越多，对技术门槛与市场支持提出较高要求，农民参与意愿不强、能力不足的问题仍较突出。

环境维度的发展逻辑强调农民作为生态治理共同体成员的权利与责任。可以通过绿色补贴机制、生态保护奖励制度、绿色认证与市场激励等手段，引导农民走向绿色生产转型。同时，应加强生态意识教育与绿色行为激励机制，推动生

态文化在农民群体中的广泛认同。

在数字背景下，应运用遥感技术、大数据监测平台、生态信用积分等手段提升生态治理能力，实现生态风险预警、绿色行为记录与奖惩机制联动，推动农民从“绿色生产执行者”向“生态治理合作者”转变。

第二节　农民可持续发展的历史演进与时代背景

一、农业文明时期的农民生存逻辑

（一）农业文明背景下农民身份的历史形成

农业文明的形成是人类社会发展进入定居生活与生产协作阶段的重要标志，其本质在于通过土地利用、作物种植与集体劳动，实现食物生产的可预期性与社会结构的初步分化。在这一长时段文明形态中，“农民”作为土地耕作者的身份逐步确立，成为维系农业生产秩序和乡村社会结构的关键社会群体。

在我国历史中，农民的社会身份随着农业形态、土地制度与国家治理结构的演进不断演化。从远古氏族公社向封建地主制过渡过程中，农民逐渐从血缘共同体中的“集体劳动者”演变为在国家权力体系下的“赋税承担者”和“粮食供给者”。在这种体系下，农民的身份具有双重属性：一方面是自然资源的使用者与农业生产的执行者，另一方面则是国家税收体制的基础与政治稳定的重要依托。

（二）以土地为核心

农业文明时期农民的生存逻辑高度依赖土地资源的占有与利用。在技术手段有限、农业生产周期性强的条件下，土地不仅是基本的生产资料，更是农民家庭生存、婚姻继承、社会认同乃至代际传承的中心纽带。

在这一时期，农民的生存策略呈现出高度稳定性与区域差异性的并存格局。受制于自然风险与农业劳动密集型特征，农民生计普遍面临“低收益—高风险”的结构性约束。在此背景下，家庭成为最基本的生产与消费单位，通过人口控制、分工协作与邻里互助等方式实现风险共担与资源共享。

二、工业化与城市化进程中的农民转型路径

（一）工业化驱动下农民身份的功能转型

20 世纪以来，伴随国家现代化战略的推进，工业化成为推动社会生产方式变革的核心动力。对于我国这样一个农业人口大国而言，工业化不仅重塑了国家经济结构，也深刻改变了农民的生活方式、身份结构与发展轨迹。

进入改革开放后，农民身份开始发生功能性转型。以乡镇企业崛起为标志，大量农民由传统农业劳动力向产业工人、个体工商户等多元职业身份转变。这种转型不仅体现在职业形态的改变上，更引发了农民认同、社会参与与价值取向等多维度的重构。

（二）农民群体中新型主体的生成

随着工业化与城市化的持续推进，农民群体逐步由传统的农业劳动者向多元化主体分化，形成了“农民工”“市民化农民”“新型职业农民”“数字农民”等新的群体类型。这些群体在社会功能、发展诉求与制度关系方面均呈现出显著差异，构成新时代农民可持续发展议程中的重要变量。

第一类是农民工。农民工是我国产业工人的主力军，是推动国家现代化建设的重要力量。根据国家统计局数据，截至 2024 年底，我国农民工总量达到 29973 万人，比上年增加 220 万人，增长 0.7%。其中，本地农民工 12102 万人，增长 0.1%；外出农民工 17871 万人，增长 1.2%。为进一步做好农民工服务保障工作，2024 年 11 月，人力资源社会保障部会同国家发展和改革委员会、教育部等 10 部门研究制定了《关于进一步加强农民工服务保障工作的意见》，立足高质量发展目标任务，重点围绕保障和改善民生、推进城乡融合发展等涉及农民工

工作的重点内容，针对就业增收、人力资源开发、大龄农民工就业帮扶、乡村振兴、新就业形态权益维护、参保扩面、常住地基本公共服务供给等重点难点问题，在促进农民工稳定就业、维护劳动保障权益、加强公共服务供给等方面提出14条任务举措。

第二类是市民化农民。在2024年国务院印发的《深入实施以人为本的新型城镇化战略五年行动计划》中，把“推进农业转移人口市民化作为新型城镇化首要任务”，实施“新一轮农业转移人口市民化行动”。农业转移人口市民化既是畅通城乡要素流动、实现高质量发展的内在要求，也是统筹推进新型城镇化和乡村全面振兴的重要内容。党的二十届三中全会指出，城乡融合发展是中国式现代化的必然要求。推进新型城镇化，加快农业转移人口市民化，不仅应关注形式上的市民化即农民离开农村和农业生产，到城镇谋生计，也要强调赋予农业转移人口与城市居民同等的市民权利、享受同等的公共服务。

第三类是新型职业农民。新型职业农民是指主动适应农业现代化生产和产业发展需要，主要依靠农业及相关产业经营获得收入、以务农为职业的现代农业从业者。其基本要求包括具备一定文化与科技知识、掌握现代农业生产技能、富有自主创新创业精神、具有职业素养和社会责任感。对比传统农民，新型职业农民“新”在以下几点：具备现代农业生产经营的先进理念；具备现代农业所要求的能力素质；能够获得较高的收入，是新农业生产的继承人与开拓者。随着乡村振兴战略的深入实施和农村各项改革的深入推进，新型职业农民在引领农业农村产业兴旺、倡导农村生态宜居、营造文明乡风、率先致富、引领共富、助力乡村治理等各个方面，都具有不可替代的地位。未来，新型职业农民将成为农业生产、科技进步、农村建设和生活的主力军，他们在不断提升自身的同时，将带领我国的农村走向更加美好的明天。

第四类是数字农民。数字农民是指利用数字技术、互联网和物联网等数字手段，提高农业生产效率，实现转型升级的农民，是科技赋能下的新型农业生产者。他们往往具备运用先进的信息技术和智能化设备的能力，能够筛选、利用数字信息，为农业生产生活、农产品经营等创造便利条件，产生实际价值。数字农民应该是一个广义的概念范畴，不单单包括高素质农民、新型农业经营主体、农业合作社人才、“新农人”、青年农民精英等，还应该包括有其他从事农业生产、

经营与管理事务的活动主体。数字乡村建设呼吁数字农民的出现，也需要数字农民的参与。

这种群体的多元化，既是农民发展的结构性进步，也对政策体系提出了更高要求。未来，政策应从“身份识别—精准支持—能力培育—平台嵌入”四个维度推进分层分类扶持，确保不同类型农民在转型过程中实现可持续发展。

三、新时代背景下农民发展的新机遇与挑战

（一）新时代为农民带来的新机遇

1. 政策大力扶持

国家始终将“三农”问题置于重要位置，一系列惠农政策接连出台。2025年1月，中共中央、国务院印发了《乡村全面振兴规划（2024—2027年）》，提出“强化农民增收举措，扎实推进乡村产业、人才、文化、生态、组织‘五个振兴’，加快农业农村现代化，推动农业全面升级、农村全面进步、农民全面发展，为全面建设社会主义现代化国家提供坚强支撑”。2025年4月，中共中央、国务院印发了《加快建设农业强国规划（2024—2035年）》，强调要“有力有效推进乡村全面振兴，加快建设供给保障强、科技装备强、经营体系强、产业韧性强、竞争能力强的农业强国，让广大农民过上更加美好的生活”，在工作中要做到“共建共享、富裕农民，注重保护小农户利益，以促进农民持续增收、城乡收入差距持续缩小为重点，统筹推进产业发展、务工就业，完善强农惠农富农支持制度，牢牢守住不发生规模性返贫底线，促进城乡共同繁荣发展，让农业强国建设成果更多更公平惠及农民”。

2. 产业升级机遇

现代农业蓬勃发展，推动农业产业结构深度调整。特色农产品种植养殖成为潮流，满足消费者多样化需求，如一些地方发展有机蔬菜、精品水果、特色畜禽养殖等，凭借独特品质在市场上获得较高价格，提升农业附加值。休闲农业融合农业与旅游、文化等产业，农家乐、民宿、乡村采摘园、农事体验活动等不断

涌现，吸引城市居民前往，为农民开辟新的收入来源。农产品深加工产业兴起，将初级农产品转化为高附加值的加工品，如将水果加工成果汁、果脯，将粮食加工成各类精致食品，不仅延长农产品产业链，还减少因农产品滞销带来的损失，创造更多就业与增收机会。

3. 技术创新推动

智能农业借助物联网、大数据、人工智能等技术，实现农业生产精准化管理。传感器实时监测土壤墒情、气象变化、农作物生长状况等信息，农民依据这些数据精准灌溉、施肥、施药，提高资源利用效率，降低生产成本，提升农产品产量与质量。节水灌溉技术广泛应用，滴灌、喷灌等方式减少水资源浪费，在水资源紧张地区发挥重要作用。生物技术用于培育优良品种，增强农作物抗病虫害能力、提高产量与品质。新技术的应用使农业生产从传统粗放型向现代集约型转变，为农民带来实实在在的效益。

4. 新型职业农民培育

政府高度重视农民素质提升，积极开展各类教育培训活动。通过组织农业技术培训，让农民掌握先进种植养殖技术，如设施农业栽培技术、科学养殖方法等；开展经营管理培训，培养农民市场意识与经营能力，使其学会分析市场需求、制订生产计划、进行品牌营销；创业培训为有创业意愿的农民提供指导，帮助他们创办家庭农场、农民合作社等新型经营主体。经过培训，农民逐渐成长为有文化、懂技术、善经营、会管理的新型职业农民，为农业现代化发展注入人才动力，自身也获得更多发展机会与收入增长空间。

5. 农产品市场拓展

互联网、大数据等技术为农产品销售开辟广阔渠道。农村电商发展迅猛，农民通过电商平台直接将农产品销售给全国各地消费者，减少中间环节，提高利润空间。农产品直播销售成为新兴业态，主播通过直播展示农产品生长环境、特色、品质等，消费者直观了解后下单购买，极大提升农产品知名度与销量。大数据分析帮助农民了解市场需求偏好、价格走势等信息，以便调整生产结构与销售策略，更好适应市场变化，增加收入。

2018年，中共中央、国务院印发的《乡村振兴战略规划（2018—2022）》指出，

大力发展数字农业，实施智慧农业工程和“互联网 +”现代农业行动，建设具有广泛性的农村电子商务发展基础设施，加快建立健全适应农产品电商发展的标准体系等。农村电商的发展不仅改变了农产品的流通方式，还重塑了乡村产业结构，为农民增收开辟了新天地。国家统计局的数据显示，2024 年我国农村网络零售额达到 2.8 万亿元，同比增长 19.7%，显示出农村电商市场的强劲增长势头。

（二）农民在新时代面临的挑战

1. 技术应用难题

虽然现代农业技术不断涌现，但许多农民受文化水平等条件的限制，对新技术接受与应用能力不足。另外，智能农业设备价格较高，部分农民难以承担购买成本，且设备维护、操作需要专业知识，增加农民使用难度。一些新技术推广缺乏配套服务与培训，农民在应用过程中遇到问题无法及时解决，导致新技术推广受阻，难以充分发挥其提升农业生产的作用。例如，在推广无人机植保技术时，如果没有为农民提供足够的操作培训，农民在实际操作中将无法精准控制无人机飞行高度与农药喷洒量，导致新技术推广受阻，难以充分发挥其提升农业生产的作用。

2. 市场竞争压力

农产品市场价格波动频繁且幅度较大，受自然因素、市场供求关系、国际农产品市场影响显著。农民在市场信息获取、分析与应对能力上相对较弱，大多只能依靠传统的信息渠道，如邻里交流、集市信息，难以准确把握市场动态调整生产，在市场竞争中处于劣势地位，进而造成收入不稳定。另外，农产品同质化现象严重，缺乏品牌建设与差异化竞争优势，难以在市场中脱颖而出，也会影响农民收入提升。

3. 劳动力结构失衡

大量农村青年为追求更好发展机会外出务工，农村劳动力呈现老龄化趋势。老年劳动力体力、精力有限，难以承担高强度的农业生产工作，如搬运农资、长时间田间劳作等。而且他们对新技术接受能力相对较差，对于智能农业设备、新型种植养殖技术的学习掌握存在困难。农村劳动力结构失衡在一定程度上造成农业生产主力的缺乏，一些先进农业生产方式难以推广，传统农业生产效率低下问题愈发突出，制约了农业现代化进程与农村经济发展。

4. 农村基础设施与公共服务短板

部分农村地区基础设施建设仍不完善，道路状况会影响农产品运输的成本与效率。部分农村地区的水电供应不稳定，会在一定程度上影响农业生产与农民生活。农村医疗条件、教育资源也不够完善，农民接受教育的渠道不够通畅，这不仅会影响农民的生活质量，也会在一定程度上影响人们的回乡发展意愿，妨碍农村人口的回流与农村经济发展活力的提升。

第三节　农民可持续发展的影响因素分析

一、政策支持与制度保障因素

（一）政策支持的结构性作用

政策支持是引导社会资源配置、调节利益关系与推动发展目标实现的重要手段。对于农民而言，政策不仅是资源供给的载体，更是一种制度保障。政策支持已成为农民可持续发展的关键制度变量。

进入新时代，中央政府围绕乡村振兴战略持续强化政策支持体系，从顶层设计到地方执行，构建了覆盖农业支持、农村建设与农民发展三大板块的政策网络。相关政策文件不仅聚焦“产业兴旺、生态宜居、治理有效、生活富裕”总目标，也将“农民全面发展”作为政策主线系统嵌入。

当前农民可持续发展的核心政策支持主要体现在以下几个维度。

1. 发展导向型政策

这类政策主要包括职业农民认定制度、农业创业扶持项目、农村人力资源开发规划等，旨在引导农民向高素质、多元化、组织化方向转型。

2. 福利保障型政策

这类政策主要包括城乡居民养老保险、合作医疗、农村危房改造、最低生活保障等，能保障农民基本生活安全，降低其生存风险。

3. 能力提升型政策

这类政策主要包括农业技术培训、信息服务体系建设、乡村教育资源投入、数字素养普及计划等，帮助农民提升应对复杂环境的能力。

4. 参与赋权型政策

这类政策主要包括村民议事规则、村级事务公开制度、村庄规划协商机制等，旨在拓宽农民在基层治理中的参与空间。

政策的系统性支撑为农民发展提供了稳定的制度环境与资源流通机制。

（二）数字化转型中的政策制度创新

随着国家“数字中国”战略的纵深推进，农民发展正被“嵌入”一系列以数字技术为驱动的新政策逻辑与制度架构。数字乡村、数字政务、智慧农业、数字治理等成为引导农村现代化的重要路径，其政策制度基础直接决定着农民能否在数字化浪潮中获得持续性利益与成长机会。

数字转型中的政策制度创新，主要体现在以下三个层面。

1. 数字基础设施政策

这一层面主要包括“宽带乡村”“千兆入户”“农村 5G 建设”等工程，旨在解决农民接入数字世界的物理通道问题。

2. 数字能力建设政策

这一层面主要包括“全民数字素养与技能提升行动”“农村数字素养普及计划”等，旨在增强农民在数字空间中的适应力与主动权。

3. 数字治理制度机制

这一层面主要包括“数字村务公开平台”“电子村民代表会议”“在线问政平台”等，制度性拓宽了农民在数字平台中的参与路径，旨在提升其治理能动性。

在此过程中，农民不再只是技术使用者，而逐渐成为数据贡献者、数字生

产者与数字治理参与者。数字政策制度的设计是否公平、开放、普惠，将直接影响农民在新时代治理结构中的位置与发展机会。因此，未来应进一步推动“制度嵌入型”数字化政策设计，确保农民在数字转型中拥有实质性权利与发展空间。

（三）未来优化路径：构建全周期、全环节的农民政策支持体系

为推进农民可持续发展，未来政策制度构建应朝向“全生命周期支持—全环节制度保障”的方向演进，具体包括以下几个方面。

1. 从政策碎片化走向系统化

构建涵盖教育、就业、创业、养老等环节的农民发展全周期政策包，实现政策目标与路径的协同推进。

2. 从政府主导走向多元参与

强化合作社、农民组织、非政府组织等多元力量的制度化参与，提升农民政策反馈与协同治理的实际能力。

3. 从静态制度走向动态机制

建立农民发展监测机制、反馈机制与制度动态修正机制，确保制度安排与农民需求相适应。

4. 从普惠支持走向精准分类

通过数据赋能实现对不同农民群体的精细识别与分类支持，提高政策靶向性与效果可持续性。

5. 从技术导向走向权利导向

在数字转型政策中强化“数字权利”视角，防止以技术之名强化治理控制，确保农民在技术社会中的能动地位。

制度与政策的协同升级，可以为农民可持续发展构建一个公平、稳定、可预期的制度性成长空间，为其经济独立、社会参与与文化认同提供坚实保障。

二、资源禀赋与生态环境制约

（一）资源禀赋条件对农民发展的基础性影响

资源禀赋是指一个地区在自然条件、土地结构、水资源、生物多样性等方面所具备的先天性或历史形成的基础性资源。对于农民而言，这些资源不仅构成其生产生活的直接依托，也决定了其发展路径的选择空间与可持续性。

我国幅员辽阔、地貌多样、气候类型丰富，不同区域的资源禀赋差异显著：东部平原土地肥沃、水资源丰富，适宜高产、高效农业发展；西南地区山地、林地分布广泛，适合发展特色农业与林下经济；而西北干旱、北方高寒与南方丘陵地区则在水土资源、交通条件与生态承载方面普遍受限。这种空间分布差异直接影响了农民的生产能力、收入水平与风险抵御能力。例如，而长江三角洲地区农业机械化程度高、产业链条完善，农民更易在产业融合中获取稳定收益与发展空间。

从发展视角看，资源禀赋影响的不只是农业生产能力，也会影响着农民的组织化水平、生态适应能力与社会融合能力。一般而言，资源基础较好地区的农民更易获得组织支持、市场对接与技术导入，其发展路径更具多样性。

因此，在制定农民可持续发展战略时，必须充分考虑地区资源禀赋差异，因地制宜制定目标、分层分类制定政策，避免“一刀切”式发展模式带来的资源错配与制度失效。

（二）土地资源与农民可持续发展

土地是农民最基本的生产资料和资产保障，其面积、质量、可达性与可持续性直接决定着农民的生存状况与发展能力。然而，随着人口增长、城市扩张等环境的变化，我国农村土地资源面临多重压力，农民在土地资源方面的获得与利用能力不断受到挑战。

从生产层面来看，优质且充足的土地资源是农民实现高效农业生产的核心要素。肥沃的耕地能够为农作物生长提供良好的土壤条件，产出更高质量、更高产量的农产品。随着农业科技的不断进步，农民可以依托土地资源，运用先进的种植技术、灌溉设备以及科学的田间管理方法，提高土地的产出效率。例如，在一些土地集中连片的地区，农民通过采用精准施肥、滴灌技术等，既减少了资源浪费，又提升了作物的产量和品质，从而增加了经济收入。这种可持续的生产模式，让农民能够在土地上获得稳定且可观的收益，保障了家庭的经济来源，为其生活质量的提升提供了物质支持。

土地资源为农民的多元经营提供了广阔空间，助力农民实现收入的多元化。除了传统的粮食种植，农民可以利用土地发展特色农业，如种植经济价值高的水果、蔬菜、花卉，或者开展中药材种植、食用菌栽培等。此外，依托土地资源，还能发展乡村旅游、休闲农业等新兴产业。许多农村地区充分利用优美的田园风光和独特的农耕文化，打造了农家乐、民宿、采摘园等项目，吸引了大量城市游客。这样，农民不仅能通过农产品销售获得收入，还能从旅游服务、住宿餐饮等方面增加收益，拓宽了增收渠道。这种多元经营模式，降低了农民对单一农业生产的依赖，增强了农民抵御市场风险的能力，进一步促进了农民的可持续发展。

从生活层面而言，土地是农民的生产和生活的有力保障。在农村，土地承载着就业、养老等多重功能。对于农民来说，拥有土地，意味着有了基本的生活资料来源。而且，土地还为农民提供了一种心理上的归属感和安全感，让他们在乡村有安身立命之所。同时，随着农村土地制度改革的推进，农民的土地权益得到进一步保障和拓展。例如，通过土地确权登记颁证，农民的土地承包经营权更加稳固；土地流转、入股等政策的实施，使农民能够将土地资源转化为财产性收入，为改善生活条件提供了更多资金支持。

土地资源对农村生态环境的保护和优化具有不可替代的作用，这与农民的可持续发展息息相关。良好的土地生态环境是农业可持续发展的前提，也是农民生活质量提升的重要保障。农民通过合理利用土地资源，采取生态种植、保护性耕作等方式，可以有效减少水土流失、土壤污染，保护生物多样性。例如，推行秸秆还田、绿肥种植等措施，既能培肥地力，又能减少焚烧秸秆带来的环境污染；发展生态农业，不使用或少使用化肥、农药，生产绿色有机农产品，不仅保护了土地生态环境，还能提高农产品的市场竞争力，实现经济效益和生态效益的双赢。

（三）水资源和生态环境与农民可持续发展

水资源作为农业与生活的基础性要素，在农民发展体系中具有不可替代的重要作用。但我国水资源分布不均衡，农民生产与生活用水面临前所未有的压力。

充足且稳定的水资源供应，是农作物稳产、高产的根本保障。在传统农业生产中，水资源匮乏地区的农民常常面临“靠天吃饭”的困境，干旱年份庄稼颗粒无收的景象屡见不鲜。而在拥有良好水资源条件的区域，农民能够通过科学灌溉，精准控制农作物生长所需水分，根据不同作物在不同生长周期的需水规律，进行适时、适量的灌溉。例如，在水稻种植过程中，从插秧期的浅水灌溉，到分蘖期的排水晒田，再到孕穗期的深水灌溉，每一个环节都对水分有着严格要求。合理的水资源利用使得水稻能够茁壮成长，实现产量的稳定增长。稳定的收成不仅保障了农民的基本生活需求，还为农民扩大生产规模、提高农业生产水平提供了物质基础，让农民在农业生产中更有信心和底气。

水资源的合理利用能够改善农业生态环境，为农民创造可持续发展的良好条件。在一些地区，通过建设水利设施，如水库、水渠、池塘等，不仅调节了水资源的时空分布，还形成了独特的农田生态系统。这些水利设施能够在雨季蓄水，在旱季放水，有效减少洪涝和干旱灾害对农田的影响。同时，水域环境为鱼类、鸟类等生物提供了栖息和繁衍的场所，丰富了生物多样性。以稻田养鱼为例，鱼在稻田中活动可以疏松土壤、吃掉杂草和害虫，鱼的粪便又能为水稻提供天然肥料，形成了一个良性的生态循环。这种生态农业模式，既减少了农药和化肥的使用，降低了生产成本，又提高了农产品的品质，增强了农产品的市场竞争力，为农民带来了更高的收益。良好的生态环境还吸引了游客，推动了乡村生态旅游的发展，为农民开辟了新的增收渠道。

水资源的有效开发和利用能够促进农业产业升级，提高农民的经济收益。随着水资源利用技术的不断进步，高效节水灌溉技术如滴灌、喷灌等得到广泛应用。滴灌技术通过铺设管道和滴头，将水直接输送到作物根部，减少了水分在输送过程中的蒸发和渗漏，节水效率可达 40% ~ 70%。同时，结合水肥一体化技术，将肥料溶解在水中，随水直接输送到作物根系，提高了肥料利用率，降低了

施肥成本。这些技术的应用，使得农民能够在有限的水资源条件下，实现农作物的高产高效，生产出高品质的农产品，满足市场对绿色、有机农产品的需求。此外，依托水资源发展的水产养殖、水生植物种植等特色农业产业，也为农民带来了多元化的收入来源。例如，莲藕种植不仅可以收获莲藕，莲藕叶、花还可用于制作茶叶、食品，实现了农产品的综合开发利用，提高了农业附加值，推动了农业产业从单一的粮食种植向多元化、高附加值的产业模式转变。

水资源的合理调配和管理是实现农民可持续发展的重要保障。政府通过建设跨区域调水工程、完善水资源管理制度等措施，优化水资源配置，保障农业用水需求。例如，我国的南水北调工程，将南方丰富的水资源输送到北方缺水地区，极大地缓解了北方地区农业用水紧张的局面，为北方地区的农业发展注入了新的活力。同时，水资源管理部门通过制定用水定额、推广水权交易等措施，引导农民合理用水、节约用水。科学的水资源管理，确保了水资源的长期稳定供应，为农民的可持续发展提供了坚实的制度保障。

（四）资源与环境约束下的农民适应路径分析

面对资源压力与环境变化，逐渐形成一系列农民适应路径，以在有限资源基础上寻求生计保障与发展出路。这些适应路径包括以下几个方面。

1. 农业转型路径

农民在资源约束中主动调整农业结构，发展设施农业、循环农业、有机农业等，提高单位资源产出效率与生态适应性。

2. 非农路径

农民通过进城务工、发展农村服务业、参与旅游项目等方式减轻对自然资源的直接依赖，实现收入多元化。

3. 技术导入路径

农民借助科技手段提高资源利用效率，如节水灌溉、精准施肥、绿色防控等，减轻对生态环境的负面影响。

4. 组织协同路径

农民借助合作社、家庭农场、村级平台等中介组织集体参与生态治理、资

源开发与风险分摊，增强整体抗风险能力。

上述路径虽为资源制约提供了局部破解方案，但在整体上仍受限于技术门槛、政策引导与市场支持。因此，国家应构建以“生态友好型制度＋能力支撑型政策”为核心的资源适应体系，为农民构建“以最少资源实现最大发展”的可持续路径。

（五）构建资源环境友好型农民发展机制

要实现农民的长期可持续发展，必须在资源禀赋约束与生态环境压力下，构建一个兼具适应性、公平性与前瞻性的资源环境友好型发展机制，具体包括以下几个方面。

1. 建立动态资源分区政策

根据地区资源承载能力与生态风险等级，制定差异化的农民发展政策与资源使用制度，提升政策适配性。

2. 完善生态补偿机制体系

推动“中央补贴＋地方配套＋市场参与”多元化生态补偿机制，建立农民直接受益的生态服务支付平台。

3. 发展生态型产业链条

将资源优势转化为生态产品优势，引导农民参与绿色食品、生态文旅等高附加值生态产业。

4. 建设环境教育与生态素养提升体系

在农民中普及生态文明理念，通过教育培训、案例宣传与政策引导，推动其生态责任意识提升与绿色行为内化。

5. 推动生态治理的农民参与机制

建立农民参与生态规划、生态工程、生态监测等制度通道，提升其在生态制度构建中的话语权与行动力。

通过上述机制的协同实施，农民将在生态文明建设中实现“从对象到主体、从破坏者到守护者、从边缘到核心”的转变，实现人与自然和谐共生的可持续发展目标。

三、教育水平、技能结构与社会资本状况

（一）教育水平与农民可持续发展

教育水平直接关系到农民是否具备获取信息、理解政策、掌握技术和参与治理的能力，是决定其能否实现主体性发展与代际跃升的根本性因素。

1. 提高农业生产效率和质量

实践显示，教育水平较高的农民更容易接受和掌握新的农业技术、知识与管理方法。例如，经第六届全国农民教育培训发展论坛统计，2023 年全国培养高素质农民 82.62 万人，这些高素质农民在农业生产中发挥了重要作用。他们通过学习，能够更好地理解土壤肥力管理、病虫害防治、精准灌溉等技术，从而提高农作物的产量和质量。

2. 优化产业结构

随着教育水平的提升，农民对市场需求的敏感度增加，能够根据市场变化调整种植、养殖结构，发展附加值高的农产品。《2023 年全国高素质农民发展报告》显示，20.86% 的高素质农民从事休闲业、社会化服务等农村新产业新业态，推动了农村产业结构的优化升级。

3. 增加农民收入

较高的教育水平使农民具备更广泛的就业技能，不仅可以在农业领域就业，还能在农村第二、第三产业以及城市中找到合适的工作岗位。例如，一些接受过职业技能培训的农民可以进入农村的农产品加工企业、电商企业工作，或者到城市从事建筑、家政等行业，从而增加收入来源。

4. 提升创业能力

教育为农民提供了创新思维和商业知识，有助于他们开展创业活动。数据显示，2023 年，26.54% 的高素质农民获得县级及以上荣誉或奖励，16.92% 的高素质农民担任村干部，5.03% 的当选县级及以上人大代表或政协委员。这些高素质农民在乡村创业中发挥了引领作用，带动了周边农户共同发展。他们通过创办家庭农场、农民合作社、农村电商等新型农业经营主体，实现了农业的规模化、

产业化经营，提高了农业经济效益，进而增加了农民收入。

5. 提升农民素质

教育能够提升农民的思想道德素质、科学文化素质和民主法治意识。受过良好教育的农民更注重子女教育，重视家庭文化建设，有助于形成良好的家风和村风。同时，他们能够更好地理解国家政策，积极参与农村基层民主管理和社会事务，推动农村社会的和谐稳定发展。

6. 助力乡村文化振兴

教育水平的提高有助于农民更好地传承和弘扬农村优秀传统文化，挖掘乡村文化资源，发展乡村特色文化产业。例如，一些地方的农民在接受文化艺术培训后，能够将传统的民间艺术如剪纸、刺绣、木雕等进行创新发展，不仅丰富了农民的精神文化生活，还为乡村文化产业发展注入了活力。

7. 推动农村生态环境保护

教育可以让更多农民了解生态环境保护的重要性，掌握环保知识和技能，从而在农业生产和生活中采取更加环保的方式。例如，教育水平较高的农民更愿意采用绿色生产方式，减少化肥、农药的使用，推广生物防治、有机肥料等，有利于保护农村生态环境。具有较高教育水平的农民更有可能积极参与农村环境治理和生态建设活动，如参与垃圾分类、污水处理、植树造林等，为建设美丽宜居乡村贡献力量。

（二）技能结构与农民可持续发展

农民的技能结构，是其参与经济活动、转换发展路径以及抵御生计风险的重要基础。当前农村经济结构正在发生深刻变化，传统农业耕作逐渐向设施农业、精细农业、绿色农业和数字农业转型，乡村产业也从单一的种植养殖逐步走向农文旅融合、农村服务业与农村电商等多元方向。这一变革对农民提出了全新的技能要求，不仅包括传统的耕作与养殖技能，还包括机械操作、环境保护、数据应用、客户服务、市场营销等综合性技能。

对此，必须通过构建系统化、分层化、多元化的农民技能培训体系来推动技能结构升级。具体而言，应建立覆盖农村青壮年、中老年、返乡农民、新型农

业经营主体的分群体技能提升机制，强化“学—用—评”一体的培训路径，将技能培训与农业产业政策、乡村振兴资金支持和就业扶持政策紧密对接。尤其应注重发展以乡镇为平台的职业培训中心、农民夜校、在线学习系统和技术咨询机制，为农民提供持续学习与能力更新的机会，真正实现“让农民学得会、用得上、能致富”。

（三）社会资本与农民可持续发展

社会资本是农民实现信息交换、资源共享、组织协同和社会参与的非正式制度资源，具有缓解发展不平衡、降低市场进入门槛与增强社会信任的多重功能。

对此，应在新型农村社区建设中嵌入社会资本培育机制，推动从自然社会资本向制度性社会资本过渡。具体路径包括鼓励农民参与合作社、农民专业协会、乡村治理议事平台等制度化组织，构建以规范、信任、协作为基础的“新型社群网络”；推进数字化平台构建，如村级微信群、农产品线上平台、政务信息服务站，帮助农民拓宽信息来源与合作渠道；发展农村社区文化与公共空间，增强邻里交流、社会互信与公共协作意识。只有建立起稳定、嵌入式、信任型的社会资本体系，农民才能在面对市场波动、生态变化与治理转型等复杂情境中保持基本韧性与协作能力，实现内外环境的有效协调。

四、数字技术与信息化赋能因素

（一）数字技术变革与农民发展逻辑

在现代社会转型过程中，数字技术的快速发展已经从根本上改变了传统的农业生产模式与乡村社会结构，其深度嵌入农村治理、产业发展与公共服务的各个环节，正重塑农民的发展逻辑与行为结构。以移动互联网、大数据、人工智能、区块链、遥感技术等为代表的新一代信息技术，广泛应用于农村信息采集、农事生产管理、市场销售对接、资源配置优化、线上社交协同等领域，为农民提供了前所未有的能力扩展与结构性机会。

过去，农民面临的信息障碍、技术瓶颈、市场壁垒与参与受限等问题，在数字工具介入后逐步得到缓解，农民开始从“被动接收者”转向“主动选择者”。尤其是在数字平台、智慧农业、电子商务等场景中，农民作为数据提供者、平台使用者和服务消费者的身份越发清晰，不仅改变了其经济地位，也显著提升了其社会参与感与自我认同感。这种“能动性提升”是农民可持续发展的关键标志，也是数字赋能带来的最大变革效应。

数字技术不仅提供了一种工具，更推动了一种发展方式的转型，即从传统资源依赖型转向技术驱动型、从单向政府扶持转向平台共建共享、从静态生计维护转向动态能力成长。这一转型逻辑要求农民不断适应数字生态、提升信息素养，并嵌入新的制度结构与市场体系，以实现多维度、可持续的发展跃升。

（二）数字基础设施建设为农民发展提供平台支撑

数字基础设施是数字技术赋能农民发展的物理前提。近年来，国家大力实施“宽带乡村”“数字乡村试点”“网络扶贫”“5G 下乡”等工程，显著改善了农村地区网络接入条件，缩小了城乡数字鸿沟。数据显示，截至 2023 年底，我国行政村光纤通达率和 4G 覆盖率均超过 99%，为数字技术在农村的普及奠定了坚实基础。

基础设施的普及极大地提升了农民获取信息、对接市场、参与社会的能力。例如，许多农民通过智能手机实时获取农业气象、市场价格、病虫害预警等信息，实现了生产决策的科学化；通过电商平台将农产品销售至更广阔的市场，突破了传统“卖难”问题；通过微信、抖音等社交平台与城市消费者建立联系，形成去中介化的直销路径。数字基础设施还促进了农村政务公开与治理效能提升，如“数字村务”“云上议事”等系统的应用，使农民能够线上参与村庄事务、表达利益诉求，拓宽了其在基层治理中的能动空间。

未来，应继续加大财政投入和政策支持，推动“最后一公里”网络接入的全面覆盖，降低数字服务门槛，确保所有农民都能“连得上、用得起、用得好”。

（三）数字平台经济对农民收入结构的优化作用

数字平台经济是近年来农民增收与产业升级的重要路径，特别是在农产品上行、农村劳动力非农化与农民创业方面，发挥了关键赋能作用。以阿里、京东、拼多多、抖音、快手为代表的数字平台，构建了低门槛、高效率、可复制的线上交易与服务体系，为农民提供了便捷的市场对接机制。

首先，农民可以通过开设网店、参与直播带货、利用平台运营自家品牌，实现农产品产地直销。这不仅提升了产品附加值，还打破了传统农产品销售中的信息不对称问题。许多农民借助短视频平台展示种植、收获、生活场景，获得消费者信任，从而形成稳定的客户群体。例如，农民主播群体的兴起就是平台经济赋能下的新型农民身份，反映了个体品牌与乡村文化叙事的深度融合。

其次，数字平台拓宽了农民的就业与创业路径。大量返乡青年、农村妇女通过参与平台经济从事物流、电商运营、内容创作等工作，实现从农业劳动力向平台工作者的身份转换。这种职业转型不仅提高了收入水平，也增强了农民的职业认同。

（四）数字技术推动农民组织能力与协同治理

组织化程度是农民集体行动能力与可持续发展的重要标志。数字技术打破了传统农民组织受限于地理空间与信息通道的障碍，为其提供了更为高效、灵活与多样的组织平台。在此背景下，农民组织形态正经历从“村落共同体”向“数字社区”的演变，从“单一合作社”向“跨地域平台化组织”的变化。

例如，借助微信群、小程序、农业服务平台，农民可以快速组建产业联盟、销售联盟、采购联盟，实现生产环节的资源共享与信息共建；通过“智慧农业云平台”，实现农资统一采购、农机协同使用、产品统一溯源与质量监管，提高组织化水平与品牌影响力；在基层治理中，农民通过“数字议事厅”“掌上问政”等系统参与公共事务管理与监督，打破了以往信息封闭与权力不对称的问题。

数字技术还推动了合作社、家庭农场、农业企业之间的协同与联合。如部分地区探索“合作社＋数字平台＋农户”的利益联结机制，推动构建以农民为核心、平台为枢纽、数据为资源的农业合作新范式。在治理领域，数字化推动了信

息公开、协商民主与协同决策的制度化运作，增强了农民参与基层治理的能力与信任水平。

要进一步推进组织赋能，应在制度层面强化“数字组织能力”指标的考核，将其纳入村级治理能力评价体系；在技术层面建设标准化、模块化的数字组织平台；在实践层面鼓励农民建立线上社群、联结异地农户、拓展跨村落协作网络，推动其从分散个体向协同群体的战略转型。

（五）构建“技术—能力—制度”协同的农民数字发展生态

数字技术赋能农民发展的可持续性，关键在于建立一个“技术—能力—制度”高度协同的系统生态，而不仅仅依靠技术工具的单点突破。这一生态应包括以下关键要素。

1. 平台责任机制

推动电商、政务、金融等平台履行普惠服务义务，降低进入门槛，优化服务设计，保护农民数据权与交易权。

2. 制度支持体系

在土地流转、农产品溯源、金融贷款、农业保险等制度中嵌入数字工具使用标准，建立农民数字身份与数据信用体系。

3. 能力提升路径

推动农民数字能力评估体系建设，开发适配不同群体的数字能力课程与认证机制，形成常态化数字教育格局。

4. 基层组织协同

推动村“两委”、合作社、农服企业协同打造“数字共育平台”，实现资源统筹、经验共享、能力互促。

通过上述机制的系统协同，可构建“农民—平台—政府—市场”四方联动的数字发展生态，使农民在这一生态中不再只是使用者，而是参与者、建设者与受益者，实现其主体性成长与结构性赋能的统一，从而迈向真正意义上的可持续发展。

第五章　农民可持续发展的路径构建

第一节　农民主体能力的系统建构

一、农民教育、技能、素养的协同提升机制

（一）从单一知识灌输向复合能力建构转型

在可持续发展理论框架中，能力建设被广泛认为是个体突破结构性约束、实现自我发展与参与社会的重要支点。对农民而言，教育、技能与素养并非独立存在的要素，而是其主体性成长与结构性转型的核心构成。从“接受型个体”转变为“能动型公民”，需要打破过去对农民教育的功能主义理解，建立以能力整合为目标的系统性机制。教育提供理论基础与认知框架，技能实现工具转换与现实操作，而素养则关涉思维方式、价值取向与社会适应能力，是其内化机制与持续成长的支撑。

当前，农民在教育层面整体水平有待提升，技能结构存在断层，数字素养与制度理解能力普遍薄弱。因此，必须构建“教育—技能—素养”三维联动的协同机制，通过资源整合、路径设计与制度支撑，系统提升农民的主体能力。

（二）构建贯通式农民教育支持体系

教育是农民能力建构的起点，决定其是否具备理解政策、吸收知识、表达观点与形成判断的基本能力。对此，应建立贯通农民全生命周期的教育支持体系，包括学前教育支持、义务教育保障、成人教育完善与终身教育机制建设。在儿童阶段，应确保农村学龄儿童享有公平、优质的基础教育，推动城乡教育资源均衡布局；在青壮年阶段，应发展多样化成人教育形式，如农业大学远程课程、夜校项目、职业中专对口教育等；在中老年阶段，应开发适老化、去技术门槛的学习产品，提高其生活素养与数字适应能力。

同时，应推动教育内容重构，在课程设计中融入农业知识、市场经济常识、政策法规普及、数字工具操作等务实导向内容，摒弃单一灌输式教学，倡导问题导向、案例导向与能力导向教学模式，真正实现教育资源的“可转化—可操作—可持续”。

（三）提升农民应对新产业体系的操作能力

农民的技能结构直接关系其进入现代农业产业链、乡村新业态与数字化经济体系的能力水平。传统农民以经验型、体力型、家庭式技能为主，这些技能与当前农业集约化、服务业多元化与技术平台化发展趋势不相适应。解决这一问题的关键在于建立多层次、多维度、模块化的农民技能发展体系。首先，应加强“实用性技能培训”，面向不同农业类别开展涵盖种植技术、畜牧防疫、农机维修、农产品加工、绿色防控等领域的系统性培训；其次，应注重迁移性技能转化，即开发跨领域通用技能课程，如沟通协调能力、营销能力、风险管理能力等，增强农民职业适应弹性；最后，应强化创新型技能培育，鼓励高素质农民掌握农业物联网、大数据农业、品牌塑造等现代农业所需新型技能。

在培训模式上，应由过去的“集中授课”向“嵌入式实践 + 项目驱动 + 线上资源”复合模式转型，推动“村级实训 + 乡镇课堂 + 远程教学”三位一体体系构建，并通过职业技能等级认证制度，提高农民技能成果的社会认可度与经济转化能力。

（四）提升农民主体适应力与内驱力

素养是一种涵盖知识、态度、能力与价值判断的综合能力结构，是决定农民是否具备持续发展能力的关键变量。素养不同于技能的“可见操作性”，更强调个体的行为逻辑、社会认知、价值趋向与制度适应，其本质是农民在多元环境中进行自主决策、理性判断与有效行动的基础能力。

农民素养的核心维度包括：一是政策素养，即理解政策文本、识别政策效益、表达政策诉求的能力；二是法律素养，即尊重法治、依法维权与规范行为的能力；三是经济素养，即理解成本收益、进行家庭预算与市场判断的能力；四是社会素养，即理解社会关系、参与社会组织与协同治理的能力；五是数字素养，即有效使用电子工具、评估信息质量与在线参与的能力。

在实践中，应推动素养教育嵌入村规民约、文化建设、村务公开、组织活动等日常场景，培育“润物细无声”的制度化素养成长环境。例如，通过“村民议事课堂”“乡村治理模拟平台”“数字素养体验营”等方式，引导农民从参与式学习中积累制度经验、公共精神与理性表达能力，从而构建起“素养—意识—行动”的转化机制。

（五）构建教育、技能与素养协同提升的制度支撑机制

要实现教育、技能与素养协同提升，不仅依赖资源投入与课程设计，更依赖制度保障与治理结构优化。应从目标协同、资源协同、平台协同、绩效协同四个维度系统构建制度支撑机制。

1. 目标协同机制

明确农民能力提升的战略定位，将其纳入乡村振兴、农业现代化、数字中国与共同富裕等国家战略目标体系，实现农民能力发展目标与国家治理方向的系统对接。

2. 资源协同机制

整合教育、人社、农业、科技、民政等多部门政策资源，构建“财政补助+项目引导+市场参与+社会动员”的多元投入格局，推动培训资源、教育资金、课程平台跨部门联动、跨区域共享。

3. 平台协同机制

依托村级服务中心、农民合作社、农业科技站、数字乡村平台等建设协同推进平台，实现培训组织、技术传播、实践反馈、数据收集的功能融合，提高资源利用效率与组织服务效能。

4. 绩效协同机制

建立农民能力提升的动态评估系统，构建科学可行的能力发展指数，将其与政策补贴、资源配置、评优评先等挂钩，强化正向激励与外部驱动，引导农民在能力成长中获得实际收益与制度回报。

通过教育、技能与素养三位一体的系统协同，农民不仅在知识上获得充实、在能力上获得提升，更在心智模式与行动逻辑上实现从被动接受向主动塑造的根本性转变，为其在新时代背景下实现有尊严、有路径、有保障的可持续发展奠定坚实基础。

二、组织化与平台化背景下的农民集体行动能力

（一）集体行动能力对农民可持续发展的结构性意义

集体行动能力是农民实现自我发展、维护权益、参与治理和推动产业融合的核心组织基础。在传统农业社会中，农民主要以家庭或个体单位从事生产，依靠血缘、地缘等关系网络维持社会协同。虽然具备一定的非正式互助能力，但由于缺乏制度化组织载体和规范化运作机制，其集体行动呈现出自发性强、持续性弱、组织边界模糊、决策效率低等特点，难以形成对抗市场风险、整合资源、争取政策支持与推进社会参与的集体能力结构。

随着农业经营环境的市场化、技术化、平台化转型，农民个体面临的生产成本、交易成本、制度成本显著提高，仅凭个体力量难以有效应对外部冲击，必须依靠组织化手段提升资源整合能力、议价能力、信息处理能力与制度嵌入能力。集体行动不仅是一种策略选择，也是一种结构性能力，是实现从相对松散群体向行动主体转变的关键机制。

因此，在可持续发展战略中，必须围绕农民的集体行动能力进行制度性激励、资源性投入与平台化创新，使其具备参与现代农业、乡村治理和公共资源竞争的基本组织基础。

（二）数字技术背景下的农民平台化协同路径

随着数字技术的快速发展，平台经济与数字协作工具在农村逐渐普及，为农民构建组织新模式提供了前所未有的制度空间与技术条件。在数字平台逻辑下，组织的边界不再局限于地理空间，而是以“数据链接—信息互动—规则共建”为基础，重构了农民之间的协作网络与集体行动方式。

在农业生产领域，出现了“数字农业平台 + 农户”的协同机制。例如，依托京东农场系统、数字农业操作系统，农民可以与技术服务方、市场对接方、金融机构在平台上形成“共建—共管—共销”的虚拟合作关系，实现种植标准统一、采购集中、销售一体的组织化运营模式。

在农村治理领域，“村务数字平台”“村民议事 App”“掌上议事厅”等新兴治理工具为农民提供了线上参与村务、表达意见、监督事务的渠道，推动平台型协作的实践演进。

在社会生活领域，农民通过微信群、社区电商平台等工具，自主建立兴趣社群、互助网络与组织联结，形成跨村落、跨产业的协同网络。这些新型平台组织打破了传统地域性组织的封闭性与排他性，使农民以更灵活的身份参与农业生产、资源配置与公共事务，展现出高度的自组织潜力。

（三）农民集体行动能力提升的制度机制建构

构建农民组织化与平台化能力，需要配套的制度激励与政策支持体系，形成“制度容纳—技术支撑—资源激励—能力提升”的协同机制。

1. 农民组织的法律地位与权能保障机制

《中华人民共和国农民专业合作社法》《中华人民共和国农村集体经济组织法》等相关法规的出台，明确农民组织的法律权属、运营规范、成员权利与责任划分，推动农民组织成为具有独立治理能力与合法权益主体的制度载体。

2. 平台化组织结构的制度嵌入机制

引导数字平台企业参与农村组织建设，通过政企合作、平台嵌村、协议监管等方式，推动平台型组织具备公共属性与协商结构，使其不仅是交易媒介，更成为农民议事、治理与赋能的制度节点。

3. 组织培育与能力提升的财政支持机制

设立“农民组织能力建设专项基金”，用于村级组织治理培训、合作社运营管理、数字工具使用推广等方面，推动农民实现主动组织。

4. 组织化成果的可转化激励机制

建立以组织参与度为核心指标的公共资源配置机制，如将农民组织参与纳入产业补贴、信贷发放、用地审批等条件体系，引导农民通过组织行为获得相应回报，强化组织内在动力。

5. 组织网络间的协同机制建设

支持农民合作社联合会、乡村治理协同联盟等平台型网络发展，推动农民组织从单点发展向系统联动演进，提升其在县域农业链、区域治理体系中的系统整合能力。

三、农民主体意识的形成路径与文化支撑

（一）主体意识在农民可持续发展中的核心意义

主体意识是指个体对自身权利、能力、责任和发展价值的自我认知与行动自觉。对于农民而言，主体意识的形成不仅关系其是否具备独立参与发展、表达诉求与主导生活的能力，更是其成为治理参与者和价值创造者的关键标志。在农民可持续发展的框架下，主体意识是贯穿教育、能力、组织、治理等各环节的精神内核，是推动农民实现由外在扶持到内在成长的核心力量。

构建以农民为核心的主体意识培育机制，必须成为农民能力建构战略的重要组成部分，推动其认知升级、价值觉醒与身份自塑，形成“我能发展、我愿参与、我有价值”的文化心理结构。

（二）主体意识的生成机制

主体意识并非自发生成，而是在特定社会环境中认知积累、实践锤炼与制度嵌入等多重因素交互作用的结果。农民主体意识的构建需依托以下三重机制协同推进。

1. 认知机制

农民是否具备基本的社会认知、政策认知与制度认知，是其主体意识形成的基础。只有理解自身在社会结构中的定位、掌握公共资源获取的逻辑、认知政策背后的价值目标，农民才能跳出局部经验的限制，具备全局思维与主动参与意识。

2. 实践机制

主体意识只有在参与中才能真正形成与稳固。实践包括参与生产合作、治理事务、公共决策、社会表达等活动，是农民主动参与的“身份试验场”。在村务公开、农村议事、合作组织运作等过程中，通过反复协商、意见表达与成果分享，农民能够逐步体会到自身行为的价值与权利的实现，主体性由此生成。

3. 制度机制

制度机制下形成的环境决定了农民主体意识的生成条件与持续空间。需要通过制度设计为农民表达意愿、参与治理、主导发展的行为提供明确规则与正向激励，形成从“可表达”到“可行动”的制度支持链条。

以上三重机制相辅相成，构成农民主体意识成长的“认知—实践—制度”的动态交互路径，是构建农民主体能力不可或缺的思想基础。

（三）乡村文化的价值塑造与主体意识的精神依托

文化是意识的土壤，是塑造主体认同与行为选择的深层力量。农民主体意识的生成，离不开乡村文化的精神滋养。

塑造乡村文化，必须从公共文化空间、文化内容体系、文化传播载体三个维度入手。

1. 公共文化空间

建设村级文化活动中心、文化礼堂等公共文化空间，使农民有说话、思考、共建的文化场域，增强社区凝聚力与公共精神。

2. 文化内容体系

挖掘本地历史、非遗技艺、农耕文明、道德规范等文化资源，构建具有时代特征的文化内容体系，让农民获得精神安顿与行为指南。

3. 文化传播载体

借助新媒体平台、乡村广播、农村电影、短视频等形式，将价值教育与文化传播融合推进，使文化教育“入耳、入脑、入心”，推动主体意识从潜在情感向自觉认同转变。

在这一过程中，农民的主体地位必须得到尊重与体现，应鼓励农民自己讲述、传播、分享自己的故事与经验，推动其从文化消费者转变为文化生产者与价值参与者。

（四）农民主体意识培育的政策支撑体系

为全面提高农民的主体意识水平，可以构建覆盖认知激发、能力提升、制度嵌入与价值塑造的多维政策体系。

1. 强化主体意识教育机制

将主体意识内容纳入农村党员培训、新型职业农民培育、村民代表学习等课程体系，推动“政策＋意识＋能力”三位一体的教育体系落地。

2. 完善表达与参与制度路径

建立农民参与村务决策、产业发展、社会监督的制度化通道，如村民议事日、村级提案制度、农民议政代表机制等，确保表达权“有场所、有程序、有回应”。

3. 建立激励与反馈机制

对积极参与治理、组织活动、发展生产的农民个人与集体给予政策、资源或荣誉支持，形成“参与—激励—深化”的正向循环。

4. 培育农村文化骨干与带头人队伍

设立“农民文化传承人”“乡村讲习师”“农村社群组织者”等岗位，发挥其在文化传播与意识培育中的桥梁作用，构建“文化内化—制度嵌入—行动外显”的治理合力。

上述路径的系统推进，可推动农民主体意识从个体觉醒走向群体自觉，从表层参与走向深度协同，从形式融入走向价值认同，为新时代背景下农民可持续发展注入持久的精神动能与制度张力。

第二节　农民多元化生计路径的构建

一、从传统农业向现代农业的生计转型机制

（一）农民生计转型的理论基础与实践逻辑

农民生计转型是构建农民可持续发展路径的核心问题之一，其本质是从以家庭自给型、经验主导型、劳动密集型为特征的传统农业生计模式，逐步过渡到以市场导向、科技支撑、组织协同与生态约束为核心的现代农业生计形态。这一过程不仅是农民生存方式的转变，更是其生产关系、身份结构与制度嵌入方式的全面构建。

生计转型的逻辑起点源于农业发展的内在结构性变化。一方面，农业生产要素由传统的“人地”关系逐步向“人机”“人智”关系演化，技术密度与知识密度显著提升；另一方面，农业与其他产业的边界日益模糊，农业向加工业、服务业、文旅业等多领域融合发展，促使农民重构其生计基础与能力结构。

从农民自身视角来看，传统农业生计模式较难以支撑稳定收入与生活质量提高，推动其主动寻求更加多元、稳定与有尊严的生计方式；从国家层面来看，农业现代化要求农业劳动力素质提升、经营模式升级与组织形态革新，需同步推

动农民从耕作者向经营者、创新者、协作者转变。因此，构建科学合理的农业生计转型机制，是实现农业强国目标与农民全面发展的交会点。

（二）现代农业生计形态的多维特征

现代农业生计形态不是对传统农业生计形态的简单延续，而是在新技术、新制度与新市场环境下形成的复合型发展形态，具有以下核心特征。

第一，生产组织规模化。通过土地流转、股份合作、农业托管等方式，推动农户从单一家庭经营向家庭农场、农民合作社、农业企业联合体等组织化形态演进，实现生产的专业化与协同化。

第二，经营方式市场化。现代农民不再只是“种地人”，而是以市场为导向进行品种选择、产销衔接、定价谈判与品牌建设的“经营者”，能在农业产业链中获取更高价值份额。

第三，生产技术智能化。信息技术、遥感设备、智能灌溉系统、农机北斗导航等现代农业技术广泛应用，使农民具备数据化管理、远程控制与精准作业能力。

第四，生计来源多元化。现代农民通过“农业 + 电商”“农业 + 文旅”“农业 + 金融”等多种路径拓展收入来源，打破传统单一收入结构，实现抗风险能力的提升。

第五，生产过程生态化。现代农业更加注重绿色发展与可持续性，农民在追求产出效益的同时，需兼顾土壤保护、水资源管理与生物多样性保护，形成“生态—经济—社会”三位一体的生计结构。

复合型发展形态要求农民不仅具备较强的专业技能与市场意识，更需嵌入制度结构与组织网络，实现资源统筹与协同运行。

（四）推动农民生计转型的关键机制路径

要实现农民从传统农业向现代农业的系统性转型，需从多方面协同推进以下核心机制。

1. 土地制度支撑机制

通过确权颁证、规范流转、保障权益等手段，激活农民土地资产功能，为其参与现代农业提供要素基础与经营保障。

2. 新型农业经营主体培育机制

大力发展家庭农场、农民合作社、农业社会化服务组织等多种新型主体，构建多元主体共生共赢的农业经营格局，增强农民组织嵌入能力。

3. 农业科技推广机制

强化基层农技推广体系建设，推动农业高校、科研院所与农民需求对接，实施“科技下乡工程”“专家包村机制”等政策，提高农民技术吸收与应用能力。

4. 金融服务支撑机制

发展适配农业周期与农民信用特征的金融产品体系，创新农产品保险、农业信贷担保等机制，降低农民转型成本与经营风险。

5. 信息与市场连接机制

构建县域农产品市场信息平台、数字农产品供应链系统与农民电商直播培训体系，提升农民市场判断与议价能力。

6. 能力建设与文化转型机制

推动农民培训向“经营管理能力 + 数据技术能力 + 生态伦理素养”拓展，引导农民树立“以市场为导向、以质量为核心、以绿色为底线”的发展理念。

上述机制协同运行，将为农民提供从理念、技能、资源到制度的全面支撑，推动其生计结构由维持型向成长型跃迁。

（四）区域差异与路径多样性下的分类推进策略

我国地域辽阔、农业类型多样、农民基础差异明显，生计转型的路径应因地制宜、分类施策。例如，东部沿海地区经济活跃、市场成熟，适合发展都市型农业、设施农业与农业服务业；中部地区资源丰富、劳动力充足，可着力培育农业产业化联合体与区域品牌体系；西部地区生态环境相对复杂、交通相对滞后，可以优先发展生态农业、民族特色农业与农产品加工产业。

唯有在统筹政策引导与农民主体能动性之间实现动态平衡，才能推动传统

农业生计模式的深层跃升，为农民的持续发展提供更加广阔的制度空间与实践通道。

二、农民非农就业路径与农村新型职业体系

（一）非农就业对农民可持续发展的多重意义

农民非农就业是指农村劳动力从农业生产领域转移到制造业、建筑业、服务业、平台经济等非农业行业，并实现身份转换、收入增长与能力重构的过程。这一现象不仅是城乡结构调整与劳动力资源优化配置的表现，更是推动农民生计多元化、提高生活质量与实现可持续发展的关键路径。

非农就业不仅拓宽了农民的收入来源，缓解了农业资源承载压力，而且有助于其参与更为广阔的社会分工体系，提升职业技能与制度适应能力，构建起更加稳定、多元与抗风险的生活结构。同时，非农就业也增强了农民与城市社会的连接程度，为其获取公共服务、提升社会参与度创造了条件。

在可持续发展框架下，农民非农就业已不仅是就业形态的变化，更是其从自然生计者向现代职业人转型的过程，标志着农民作为现代社会能动主体的逐步确立。

（二）推动农民非农就业的多元路径机制

实现农民非农就业的有效转型，需要依托多元路径和协同机制，构建覆盖“培训—匹配—发展—保障”的全过程支持体系。

1. 强化职业技能培训与岗位对接机制

构建农村职业培训公共服务体系，推动县域职业学校、技工院校、产业园区与用工企业合作，设置适应产业发展需求的课程体系，如电商运营、物业管理、城市绿化、物流调度、数字营销等，提高农民的岗位适应能力与转换能力。

2. 建立农村劳动力转移就业信息平台

打通农村劳动力与城市岗位的匹配机制，通过构建“乡村就业信息云平台”，

汇集岗位信息、培训资源与就业政策，实现精准推送、在线申请与远程面试，提升农民就业的便捷性与透明度。

3. 推动本地非农就业机会发展

支持发展乡村旅游、休闲农业、农产品加工、农村物流、电商服务、文化创意等本地化产业，为农民提供在地转移机会，降低“离乡就业—留守空心”的社会风险，实现“农转非不离土、转型不离村”。

4. 引导平台经济与新业态就业

发挥平台经济灵活用工的吸纳优势，组织农民从事外卖骑手、直播带货、社区团购、农村服务外包等岗位，并通过制度设计规范灵活就业保障，推动其向“新职业农人”转变。

5. 鼓励农民参与二次创业与返乡就业

出台财政补贴、贷款贴息、税费减免等激励措施，鼓励返乡农民工、农村青年与退役军人等依托家庭资源开展农产品加工、电商创业、技能服务等二次创业，构建“非农就业—农业增效—乡村振兴”的融合格局。

通过多路径引导、多主体参与与多机制协同，可有效打通农民非农就业的“起点、通道与出口”，构建开放包容、流动有序的就业环境。

（三）农村新型职业体系的建构与制度化发展

在农民非农就业趋势背景下，亟须建立适配农村经济结构与城乡融合发展逻辑的新型职业体系，使农民不仅“有工可打”，更“有职可依”“有路可升”，实现由“打工者”向“职业人”的身份转变。

这一新型职业体系应具备以下特征。

第一，职业类型多样化。涵盖农产品品牌经理、农村电商主播、农文旅项目策划人、数字农业操作员、农村养老服务员等，超越传统“农民工”职业边界。

第二，职业能力专业化。对应岗位设置标准化的技能要求、培训路径与认证体系，使农民拥有可持续学习与能力升级的成长空间。

第三，职业发展路径清晰化。构建“初级技能工—中级岗位负责人—高级管理人才”的职业阶梯，为农民提供“学有所成、技有所用、职有所升”的职业

预期。

第四，制度保障全覆盖。将新职业纳入就业统计、社会保障、劳动监察与职业发展政策体系，保障其收入、工时、社保、工伤等基本权益。

农村新型职业体系的建构，不仅是农民个人发展路径的拓展与延伸，也是乡村产业体系现代化与人才支撑体系建设的重要组成部分。

（四）制度保障机制的完善与能力持续支持

推动农民非农就业与新型职业体系建设，离不开强有力的制度保障与能力支持系统。

1. 建立健全城乡统一的就业支持政策

推动城乡就业政策一体化改革，实现职业培训、就业服务、失业保障、劳动维权等制度在城乡间同标准、同覆盖。

2. 构建农民就业权益保障机制

完善灵活就业劳动合同制度、平台用工规范，推动农民非农就业的劳动合同签订、社会保险覆盖与职业伤害保护，保障其在劳动市场中的基本权利。

3. 强化公共就业服务体系建设

推动“人社下沉、服务进村”，构建县、乡、村三级就业服务网络，推动就业服务专业化、信息化、普惠化发展，提高服务质量与回应能力。

4. 实施职业素养与终身学习提升计划

在农民非农就业过程中持续开展技能更新与素养提升，通过“职业教育+技能提升+文化赋能”的复合培训模式，推动其实现“从就业到职业”的结构跃迁。

5. 建立动态评估与跟踪反馈机制

通过就业大数据平台，动态追踪农民非农就业状况、满意度与发展绩效，及时调整政策资源投入方向，提高政策精准度与效率。

上述制度支撑与政策安排，构成了保障农民非农就业稳定性、职业发展连续性与身份转换正当性的制度基础，是实现农民从农业向非农业顺利转型的关键支柱。

三、数字经济参与中的农民创业与就业新空间

（一）数字经济背景下农民生计方式的结构性变革

随着互联网技术的普及与平台经济的迅猛发展，数字经济已成为我国经济增长的新引擎。特别是在农村地区，数字技术正在深刻改变传统的生产、生活与交易方式，为农民拓宽生计空间、获取市场资源、提升能力结构提供了前所未有的可能性。数字经济为农民构建起跨越时空、低门槛、高灵活的创业与就业平台，开启了他们向“网络经营者”“平台劳动者”“内容创造者”转变的路径。

农民在数字经济中的参与，不仅意味着就业形态的转型，也体现其在价值创造体系中的重新定位。从直播带货、农村电商、数字文旅，到云客服、网络创作、远程协作等多样化的新职业形态，农民正逐步嵌入数字经济生态，并通过技术赋能突破原有生计限制，实现自我发展与家庭增收的协同增长。

因此，推动农民深度参与数字经济，不只是技术的延伸应用，更是推动乡村社会结构优化、实现农民主体能力提升和推动区域协调发展的关键路径。

（二）数字经济参与的现实路径与发展模式

当前，农民参与数字经济的主要路径和实践模式主要表现为以下几类。

1. 农村电商与产销直联模式

依托淘宝、拼多多、京东、抖音、快手等平台，农民可以通过注册网店、参与社区团购、经营农产品直销等方式，绕过中间环节将农产品直接销售给消费者。此模式一方面提升了农产品附加值，另一方面增强了农民的市场感知能力与经营自主权。

2. 直播带货与内容型创业模式

农民或其代表可以通过短视频平台分享农事生产、农村生活、地方文化，借助内容引流实现产品销售与广告变现。一些“农民主播”凭借真实、生动的乡村形象赢得用户信任，形成稳定的消费者社群与持续的流量收益。

3. 平台型灵活就业模式

通过美团、饿了么、京东到家等平台，农民可以从事骑手、仓储分拣、线上接单等岗位，获取灵活用工机会。此外，一些平台提供远程客服、线上运营等岗位，为具有一定数字能力的农民提供“非现场”就业选择。

4. 数字文旅与乡村 IP 开发模式

依托地方文化、自然风光与民俗资源，农民通过平台化方式参与乡村旅游、民宿经济与文化 IP 开发，形成“内容 + 服务 + 品牌”的综合经营路径，实现从自然资源拥有者向文化资产经营者的转变。

5. “云上合作社”与数字化农业服务模式

部分地区探索数字合作社、农业软件运营服务（Software as a Service，Saas）平台、智能农机管控系统等形式，农民通过数据上传、协同决策、资源众包等手段参与农业生产与经营全过程，提升组织协同能力与产业参与度。

以上路径显示，农民对数字经济的参与已从初级的“平台用户”转向中高级的“平台经营者”“内容创造者”“资源整合者”，其数字劳动与数字创造能力正在成为新型生计构成的核心要素。

（三）农民数字创业的典型优势与其优势

数字经济为农民创业提供了独特的发展通道，其典型优势主要体现在以下几个方面。

（1）进入门槛相对较低。创业初期不需要大量资本投入，具备基本设备与操作能力即可参与。

（2）空间弹性较强。突破地域限制，允许农民“在村创业、线上运营”，提高农村劳动力利用效率。

（3）资源整合能力提升。通过平台工具与大数据分析，农民能精准掌握市场需求，实现产品与服务精准供给。

（4）身份多元与价值自我实现。农民不再只是生产者，而是内容创作者、文化传播者与服务提供者，提升其社会认同感与文化表达权。

（四）构建农民数字就业与创业的支持体系

为有效促进农民在数字经济领域实现高质量就业与稳定创业，应从制度、能力、平台与生态多个层面构建系统性支持体系。

1. 构建分层分类的农民数字能力提升体系

制定面向不同年龄、学历与需求的数字技能培训课程，如短视频运营、电商营销、网络客服、图文编辑等，推动“技能提升—实践应用—持续更新”的培训机制。

2. 推动数字基础设施全覆盖建设

加快乡村地区 5G、光纤与物联网等基础设施建设，推动“信号进村”“物流进村”“支付进村”，夯实农民数字就业创业的空间平台基础。

3. 打造农民友好型数字平台生态

鼓励平台优化服务算法、降低门槛、简化操作界面，开设“农民绿色通道”，设立“涉农流量池”，为农民用户提供精准推送与服务推荐，减少平台适应成本。

4. 健全农民数字经济权益保护制度

明确农民在平台运营中的数据权、劳动权与收益权，推动数字平台责任履约机制，防范平台剥夺数据收益与流量控制带来的权益侵蚀。

5. 强化财政金融综合支持机制

设立“农村数字创业基金”“农民创新试点项目”，推动农民数字创业风险补偿与成果奖励机制建设；鼓励地方政府为农民创业者提供税收减免、场地支持与信贷担保。

6. 发展数字乡村共建型生态体系

构建以村集体、合作社与农民企业为主体的“数字乡村共同体”，推动数据资源共享、技术服务统筹与平台流量协同，实现农民群体化组织参与与集约化创业发展。

上述机制的整体部署，可将分散的农民个体嵌入结构化的数字经济发展体系，使其在新时代背景下真正成为数字经济的共建者、共享者与创新者。

四、生计多样化与农民家庭风险分担结构优化

（一）生计多样化的理论逻辑与现实意义

在农民可持续发展理论体系中，生计多样化是提升个体与家庭抗风险能力、拓宽收入来源、促进资源配置效率与生活质量提高的核心路径。所谓生计多样化，是指农民通过同时从事多种经济活动，获取多元收入来源，包括农业、非农业、自主经营、工资性收入、转移性收入等，以实现家庭稳定生存与未来发展目标。

对于农民而言，单一的农业收入结构具有极强的波动性与脆弱性，极易受到自然灾害、市场价格波动、政策调整等因素冲击。因此，构建复合型、多层级的生计系统成为实现农民家庭稳定的重要保障。生计多样化不仅是一种主动应对策略，也是促进农民在经济结构演化中实现主动嵌入与积极参与的能力体现。

因此，探索农民生计多样化路径及其背后的家庭风险分担机制，对于推动农民可持续发展具有高度的理论价值与实践意义。

（二）推动生计多样化的实践路径与策略设计

构建稳定、多元、协同的农民生计系统，可以从以下四个维度系统推进。

1. 收入来源横向拓展机制

通过推动农业内部结构优化（如从粮食种植向经济作物、特色产业过渡）、农业外延拓展（如农产品加工、农业休闲旅游）、非农就业（如务工、社区服务、数字岗位）与政策性保障（如补贴、保险）协同发展，打通“农业 + 非农”“线下 + 线上”“家庭 + 集体”的多种收入路径。

2. 家庭成员纵向分工机制

在家庭内部推进分年龄、分能力、分领域的成员功能重组，使老年人参与家庭农业管理与社区服务，中青年人从事城市就业与经营活动，妇女参与本地灵活就业与照护经济，实现“多角色、多来源、多时间段”的资源分配优化。

3. 收入来源稳定性提升机制

推动政策性农业保险、农民工就业合同规范、数字经济就业规则等制度落实，降低非农收入的不确定性；同时发展农民合作组织、农村金融互助社等集体保障机制，实现家庭生计的“共担—共保—共稳”。

4. 能力支撑与资源整合机制

开展家庭财务管理培训、生计规划辅导、技能教育与创业指导等服务，增强农民家庭对多元收入组合的认知与管理能力；同时，推动村级组织统筹培训、资金、信息等资源，为生计多样化创造良好条件。

上述机制的协同运作，能够有效提升农民家庭的风险抵抗能力与生活韧性，为其实现动态适应与主动选择奠定结构性基础。

（三）优化家庭风险分担结构的制度支撑体系

农民家庭作为农村社会的最基本单元，其在风险冲击下的承压能力及其内部分工、资源调配的协调程度，直接决定着农民个体能否实现生计稳定与代际发展。构建面向家庭风险抵御能力的制度支撑体系，不仅关乎个体发展权利的实现，也对国家层面的乡村治理能力提出制度性挑战。当前，政策设计仍多聚焦于个人与市场的双向关系，而对家庭结构中隐含的调节机制、负担模式与资源再分配机制关注不足，亟须制度设计向家庭单位延伸，形成以家庭为核心的风险治理框架。

健全风险识别与分级干预机制，应成为优化家庭风险结构的制度基底。传统政策多以收入标准识别低收入农户，而忽视因疾病、教育支出、劳动力不足等非显性因素造成的潜在风险积累。对此，可借助大数据驱动的动态识别机制，建立基于农户劳动力构成、产业稳定性、健康状况与债务结构等多维指标的风险画像体系，提升家庭风险识别的精准性与前瞻性。

构建家庭导向型的社会保障制度，需在城乡统筹的基础上设立家庭考量维度。农民家庭常呈现出多代共居、代际相互依赖的结构特征，家庭成员的相互照料与经济支撑构成风险分摊体系。对此，可引入“家庭照护责任指数”与“家庭劳动力脆弱性系数”等变量，作为教育、医疗、养老等服务资源配置与补贴发放

的重要参考依据，推动政策从个体补偿向家庭调节机制演进。

构建农民家庭金融支持系统，是分担收入波动与突发支出压力的重要制度保障。对此，可通过建立家庭信用画像模型，推动金融机构基于家庭生产周期、收入组合与还款能力开发“家庭经营—生活一体化”金融产品，增强其对资金缺口的响应能力。同时，应构建多层次农户风险储备制度，可以在村级建立家庭风险互助金机制，实现公共财政、集体经济与农民自缴的多元共建模式，提升社区层级的协同互济能力。

数字治理能力的提升，为制度支撑体系注入新的基础设施支点。可以通过构建统一的农村家庭综合数据库，整合人口信息、土地资源、政策享受、收入结构等多维数据，形成可追踪、可计算、可动态调度的农村家庭信息链条，不仅可实现精准识别与精准帮扶，还能提高政策分发的效率与透明度，避免资源配置中的重叠、遗漏与错位问题。

第三节　农民在乡村治理中的有效参与

一、治理现代化背景下农民参与的制度基础

（一）治理现代化与农民参与的理论重构逻辑

国家治理现代化不仅是治理手段的技术革新，也是治理逻辑的结构性转型。在以人为中心的治理价值体系中，农民作为最广泛的基层群体，其是否能够有效参与公共事务的协商、决策与监督，不仅决定着基层治理体系的运行效率，也关乎治理体系和治理能力现代化的真实达成程度。

传统意义上的农村治理强调以行政管理为主导，以村级组织为载体，农民多处于政策接受者与管理对象的被动地位。随着国家治理体系向“共建共治共享”的现代治理结构转型，农民从治理对象向治理主体的身份转化成为国家治理逻辑

的重要标志。在新时代背景下，治理理念强调“社会参与”“协同治理”“精细管理”“数字共治”，这些治理特征为农民参与提供了制度空间，也提出了更高的能力与规则要求。

农民是否具备真实的制度化参与通道、是否拥有稳定的表达与决策平台、是否能在制度运行中获取回应与反馈，成为衡量乡村治理民主化与法治化水平的重要指标。因而，构建治理现代化语境下的农民参与制度基础，已从选项变为必然，是国家基层治理能力提升与农民可持续发展能力同步增长的关键桥梁。

（二）当前农民参与制度的结构性缺陷

尽管近年来国家在推进村民自治、村务公开、民主选举等方面出台了大量政策，但农民参与在制度建设层面依然面临诸多结构性瓶颈与功能性空转现象，主要表现在以下几个方面。

1. 制度权责配置不明与运行边界模糊

在一些基层治理实践中，村民委员会与村党组织之间职能界限不清，村民代表大会与其他参与平台运行形式化、流于程序，导致农民无法准确识别参与角色与职责边界，削弱了参与的真实有效性。

2. 参与机制设计缺乏回应性与嵌入性

多数政策在参与机制建设上仍以“一刀切”的模式进行推进，未能根据区域、人口结构与组织资源等差异实施差异化制度设计，形成“有制度无机制、有程序无回应”的普遍性问题，参与变成一种“仪式性的存在”。

3. 组织载体虚化与平台资源匮乏

一些村庄的农民合作组织、村民代表平台、协商议事会等机构名存实亡，缺乏制度资源、组织资源与能力支撑，导致参与活动周期性弱、组织活跃度低、参与广度与深度不足。

4. 参与成果缺乏制度兑现机制

即便农民通过相关制度平台表达了意见和建议，但缺乏议题采纳、成果转化、责任反馈等制度流程支撑，参与行为难以转化为实际治理效应，影响其参与积极性与持续性。

上述问题从制度设计、运行逻辑与执行反馈等多个维度制约了农民作为治理主体的有效性，使基层民主参与成为“制度存在—机制弱化—功能低效”的典型场景，亟须从制度层面系统优化。

（三）现代化治理体系中农民参与的核心制度元素

为实现农民参与治理的制度化、规范化与常态化，需围绕治理主体资格确认、参与程序设置、表达平台建设与结果反馈机制等核心要素进行系统制度设计，形成结构明晰、路径畅通、能力支撑充分的参与体系。

确认农民治理主体资格的法理依据，在立法层面明确农民作为村级治理、集体经济管理与公共事务参与的自然权利主体地位，防止在具体制度实施中出现“农民身份模糊化”或“被代表化”的现象，确保每一位农民都享有合法、平等的参与权利。

构建规范化的参与程序体系，在村民议事规则中明确参与事项范围、程序流程、表达方式与组织责任，推动参与机制制度化、流程标准化、运行公开化。重点在于通过建立“提议—审议—表决—反馈”四步闭环制度，将农民意见转化为可执行的治理内容。

完善多样化的表达与协商平台体系，推动“村民议事会”“村务协商委员会”“村级公共议题讨论日”“数字议事厅”等新型平台常态化运行，鼓励农民以多种方式表达意见、参与决策，打破传统单一会议式参与方式，提高治理透明度与农民能动性。

设立制度化的反馈与追责机制，明确村级治理决策对农民意见采纳、处理结果回应与责任落实的程序要求，建立“意见采纳率”“决策公开度”“反馈及时率”等绩效评估体系，确保参与行为有回应、有制度兑现、可追责。

以上制度要素构成了农民治理参与的基本架构，是实现基层治理民主化、制度化与可持续化运行的必要条件。

（四）制度基础建设中的能力支撑与外部环境构建

农民参与权利的实现不仅依赖制度赋权，还有赖于农民自身的能力保障与

外部制度环境的优化。在制度基础构建的同时，必须同步推动农民治理能力提升与参与环境改善，实现“制度供给—能力生成—环境支持”的良性循环。

推进农民治理能力教育体系建设，通过党校教育、合作社培训、村民议政课堂等多种方式，提升农民对治理程序、治理规则与治理内容的认知能力，增强其在治理参与中的问题表达能力、公共判断能力与规则协商能力。

构建村级治理数字支撑平台，依托“数字乡村”“智慧政务”建设成果，开发农民可操作的数字治理工具，如村务通 App、在线投票系统、数字意见征集平台等，扩大参与覆盖面与数据反馈精度，提高制度运行效率。

推动协同治理机制的制度联动，鼓励驻村工作队、乡镇干部与村民代表开展“制度共谋—方案共建—治理共担”的协同治理试点，提升制度设计的农民嵌入程度，形成以农民为中心的参与驱动型制度生态。

优化参与环境中的权利保障制度，加强对农民在参与过程中面临的程序歧视、信息不对称与表达封闭的制度纠偏，构建申诉、救济与保护机制，保障农民在治理中的意见表达与身份安全，增强其参与治理的现实意愿与制度信心。

上述能力与环境机制作为制度基础的外部支撑与内在条件，是实现农民有效参与、制度稳定运行与治理系统化推进的有机组成部分。

二、村级治理结构中的农民话语权提升路径

（一）农民话语权在乡村治理体系中的核心地位

话语权是农民在基层社会结构中能否表达诉求、影响决策、监督治理与塑造规则的根本体现。它不仅指形式上的参与权，更体现农民是否拥有实质性表达空间、制度化影响能力与治理协商中的主体地位。话语权既是一种制度权利，也是一种政治能力，是农民可持续发展与乡村治理现代化并进过程中不可或缺的关键环节。

在以村为基本治理单元的农村社会中，村民自治原则要求将决策权、管理权与监督权还给村民个体和集体，实现“自己的事情自己商量，自己的家园自己治理”。然而，话语权的实现并非权利赋予即自动达成，而需依赖特定的制度环

境、组织结构与文化氛围支撑。在多数村庄，农民的话语空间仍受限于治理结构、资源分配、信息渠道与组织参与等多方面因素，其表达能力与制度影响力仍存在较大差距。

因此，推进农民话语权提升，不仅是治理民主的题中应有之义，也是构建“主体嵌入式治理”与“农民主导型发展”新范式的逻辑起点。

（二）村级治理实践中农民话语空转化的制度性表现

当前我国村级治理制度虽已初步确立“村民委员会”“村民代表大会”“村务监督委员会”等民主参与框架，但在实际运行过程中，农民话语权仍存在空转化与形式化问题，具体体现在以下几个方面。

1. 权责关系不对等削弱了话语效能

在一些地区，村党组织与村委会未能实现合理分工与协同运行，导致权力集中于少数人之手，村民代表缺乏实质性参与权，民主程序蜕变为“走形式、走过场”。

2. 代表机制运作不畅限制表达广度

村民代表产生过程缺乏竞争性与代表性，部分代表“被选而非被推”，代表与被代表群体间缺乏有效沟通与责任联结，村民大会的意见采纳率与议题响应度长期处于低水平。

3. 组织资源不均制约表达机会

在农村社会中，宗族势力、经济强户或地方精英通过人情网络与资源优势垄断参与渠道，形成“强者言说、弱者沉默”的治理结构，呈现“结构失衡—权利沉没”的负向循环。

4. 信息闭塞与表达能力不足削弱话语影响力

信息不对称、制度语言陌生、表达技巧缺乏等问题使大量农民即便获得表达机会，也难以有效表达意见或影响决策过程，最终形成“有参与无话语、有话语无回应”的治理困境。

上述问题说明，农民话语权的缺失并非源于制度设计的完全缺位，而是制度结构中存在系统性障碍，导致表达权未能向治理权转化，参与空间未能转化为

参与力量。

（三）构建农民话语权提升的制度支持路径

实现农民在村级治理结构中的有效表达，需构建以制度嵌入、结构优化、程序规范与能力提升为支撑的多元化路径体系，推动农民从“被参与”向“能主导”转变。

强化话语权制度嵌入机制，在村规民约、议事规则、村民代表大会章程等基础性制度文件中设定农民表达权、质询权与提案权的制度条款，确保每位农民在治理中的表达地位有据可依。推动“表达议题征集制度”“意见反馈周期制度”“村民建议回访制度”的制度化常态化运行，提高话语行为与制度程序之间的对接效率。

推动代表体系优化与表达责任机制建立，通过公开推选、任期问责与述职评议等方式，强化村民代表对村民意见的传达义务与制度约束，防止代表“身份固化”“表达脱节”。引入“村民代表联系户制度”，将代表与一定数量村民形成稳定联系，构建“意见上报—问题反馈—责任回溯”的责任链条，提升代表表达行为的制度回应性。

培育表达空间的多元化平台体系，除村民大会外，应依托党群服务中心、村集体经济组织、农民专业合作社等基层组织资源，设立议题协商小组、村民咨询委员会、妇女青年议事平台等多元表达空间，使不同类型的农民群体都有相应表达载体，促进话语权的结构均衡。

推动“沉默群体”话语权制度关注机制，设立“表达关注名单”，通过专项征询、轮流发言制度、特邀代表制度等形式确保其声音不被淹没；同时引入“平等发言时间机制”，在集体会议中按人口结构设定发言比例，降低传统组织结构对表达机会的排斥性。

上述制度路径的协同运作，将有效提高农民在村级治理中的表达频率、表达深度与表达效率，使其话语行为具备持续性、正当性与结果导向，推动治理结构从“权力表达”向“公共协商”转型。

三、数字治理体系中农民的表达权与监督权

（一）数字治理转型对农民表达与监督机制的结构性重塑

伴随着数字中国、智慧社会与数字乡村等国家战略的深入推进，数字技术已全面嵌入乡村治理结构，推动传统以线下协商、会议决策和人情网络为基础的治理模式，逐步向数据驱动、平台治理与智能协同为特征的现代治理体系转型。在此背景下，农民的治理参与权利面临着从“物理场域参与”到“数字空间表达”的深度迁移，其表达路径与监督方式均发生结构性重塑。

数字治理体系提供了信息对称、流程透明、回应高效的治理平台，为农民表达意愿、监督事务、反馈问题、追责行为等提供了低门槛、多渠道、高频率的新型机制，有效弥补了传统治理中“表达难”“监督弱”“回应慢”的制度短板。数字平台通过数据留痕、记录公开、算法分发等技术手段，为治理中农民意见的识别、分类与转化提供了新的治理基础。

然而，这种以“技术逻辑—制度嵌入—行为引导”为核心的数字治理机制，在提高效率与扩大参与覆盖面的同时，也带来了治理语言异化、技术门槛增高、平台算法封闭等新的制度性风险，农民表达权与监督权是否真正嵌入其中，成为衡量数字乡村治理现代化程度的重要指标。

（二）农民在数字治理中表达与监督能力的现实挑战

尽管数字治理平台的普及正在加速，但农民在使用、理解、信任与操作这些平台过程中仍面临诸多实际困难，表现出以下几方面的结构性挑战。

一是信息素养不足导致表达障碍。尤其是中老年农民或文化程度较低的群体，在使用智能手机、识别平台信息、输入意见内容等操作中存在明显障碍，难以形成有效表达，使表达权利在技术门槛前被事实性排除。

二是平台机制设计未充分考虑农民表达逻辑。部分平台设置复杂、逻辑抽象、语言专业，农民难以准确理解问题分类、表述格式或意见提交流程，造成表达内容“语意脱节—机制识别失败—响应中断”的现象。

三是反馈机制缺失或弱化影响表达信任。很多治理平台虽设有“意见收集”

入口，但未设定清晰的处理流程与反馈机制，农民提交建议后长期无回应，导致其表达意愿递减，甚至质疑平台表达功能的真实性与权威性。

四是监督路径虚化、形式化严重。农民对村级财务、工程建设、政策执行等领域的监督权，在数字平台中往往仅以“信息公示”或“数据展示”方式呈现，缺乏“评论—质疑—问责”的操作空间与制度回应，难以发挥真正的制衡与纠错功能。

这些问题表明，在数字化治理转型过程中，农民表达权与监督权虽被形式纳入，但实质参与能力与权利实现机制尚未同步跟进，必须通过制度与技术的深度融合予以系统重构。

（三）数字化条件下表达权实现的机制构建路径

要真正落实农民在数字治理体系中的表达权，应以“去技术障碍化”“表达制度化”“数据结构可识别化”为目标，重构数字参与机制，使其更加贴合农民的语言逻辑、行为习惯与制度期待。

优化农民友好型平台界面与功能结构，推进“低技术门槛、场景化设计、图标化引导”的平台建设标准，在系统界面中使用通俗语言、图文并茂的表达方式，使农民能够无障碍识别功能、阅读信息、提交内容，提高表达的可达性。

建立“表达—处理—反馈”的闭环机制，在平台上设立“意见处理流程公开栏目”，明确农民意见的接收部门、处理时限、办理结果与责任单位，平台应推送处理进度与办理结果至提交人账户，形成“可追踪、可核验、可质询”的表达制度。

推动农民个体表达与群体表达并重机制，设置“热点议题上报”“集体签名提交”“村级投票表达”等功能模块，使农民可围绕村庄发展规划、资源配置、政策执行等事项实现集体议题表达，提高平台对高频共识性问题的识别率与政策转化效率。

嵌入表达质量提高机制，提供“数字表达能力训练营”“平台议题写作培训”等服务，将农民从“被引导表达”向“自主提出议题、精准表达立场”转变，实现表达内容的深度化、结构化与规范化，提高治理平台对农民意见的制度适配能力。

（四）数字监督权的功能边界与制度建构

在数字治理体系中，监督不再仅限于“看得到”，而需“问得出”“查得清”“追得实”。数字监督应突破“展示型公示”的表层功能，构建“对比分析—行为追责—结果回应”的制度体系。

强化信息可比性与可解读性设计，通过对村级财政支出、项目建设进度、补贴发放等事项设置“时间—空间—主体”维度的数据呈现，使农民可进行横向比较、纵向趋势识别与主体行为评估，推动监督行为从“感性表达”走向“数据证据主导”。

建立“农民质询—系统核查—责任追究”三位一体机制，明确农民可对系统公示内容提出疑问，由平台自动分发至相关职能部门，并在规定时限内进行核查与公开回应，构建“话语监督—技术响应—制度修复”的嵌套式反馈机制。

设立“农民监督积分与信用机制”，对积极参与数字监督的农民赋予平台信用值或“村务观察员”等身份认定，形成“表达—激励—约束”的结构激励体系，提升农民参与治理的主动性与责任感。

推动治理算法与监督权利的制度嵌合，引导平台治理从“技术驱动”走向“权利导向”，明确算法推送内容与排序机制应体现农民监督优先权、反馈优先权等价值取向，将权利逻辑嵌入算法设计，防止“技术中立”掩盖权力偏向。

（五）技术赋权与权利保障的融合机制构建

实现农民表达权与监督权的真正制度嵌入，需推动“技术赋能”与“权利保障”的深度融合，构建“工具性治理平台”向“权利型制度空间”跃升的路径结构。

构建农民数字权利保障规范体系，将“表达权”“监督权”“数据知情权”“平台反馈权”写入村规民约、村民自治章程与数字治理平台协议，明确其法律属性、程序条件与责任归属，提升权利实现的制度正当性。

推动平台治理权属结构多元化，通过村集体、村民代表、驻村干部等多方共建数字治理平台，弱化单一政府部门或平台公司控制结构，使农民在平台治理中拥有规则制定、运行监督与内容协商的制度席位，实现从“平台使用者”向“平台共治者”转变。

构建农民表达权、监督权绩效评估机制，将农民参与度、意见处理率、反馈满意度、问题纠错率等指标纳入治理考核体系，定期发布“村级数字治理参与报告”，倒逼治理平台不断优化权利回应能力与公共服务效能。

通过制度、技术、文化与治理理念的系统整合，推动农民在数字治理体系中真正实现“能表达、敢表达、表达有用”“能监督、敢监督、监督有效”的制度状态，奠定乡村数字治理民主化与治理能力现代化的基层根基。

四、多元主体协同治理中的农民组织角色重塑

（一）协同治理结构演进与农民组织嵌入的战略意义

随着治理现代化的纵深推进，我国乡村治理格局正由以政府为主导的单一管理模式，逐步转向以政府、村级组织、社会力量、市场主体与村民个体多方协同参与为特征的多元主体治理结构。这一结构的核心特征在于权力、责任与资源的共建共享，通过协作机制与协商平台共同实现公共事务的有效治理、发展资源的合理配置以及社会秩序的有机维系。

在此结构中，农民组织作为连接国家制度与农民个体的中介节点，具有天然的桥梁和纽带功能。一方面，它在政府与农民之间起到资源传导、政策解释与利益协调的作用，是落实国家政策的“治理末梢”；另一方面，它也是农民利益表达、集体行动与参与治理的组织平台，是农民群体构建主体性的重要支点。因此，农民组织能否有效参与协同治理，不仅关系到其自身功能的重构，更决定着协同治理体系的稳定性、回应性与公平性。

然而，当前多数农民组织在结构功能、制度规范、资源动员与代表能力等方面仍存在显著不足，难以支撑其作为治理主体的角色转化。这一现实对农民组织提出了功能重构、机制再造与制度塑形的系统性要求。

（二）农民组织在传统治理格局中的功能缺位与权能受限

尽管近年来“农民合作社”“村民理事会”“村集体经济组织”等形式多样

的农民组织数量快速增长，但整体来看，农民组织在治理实践中仍面临“数量扩张与功能虚化并存”“形式多元与制度缺失交织”的问题。

一是组织类型泛化、功能定位模糊。部分农民组织形式上具有合作性质，但实质上仅作为获取补贴、注册项目的工具，缺乏服务能力与治理功能；多数村级组织未明确其在资源分配、公共事务协商与监督机制中的职能边界，参与治理缺乏制度认定与路径支持。

二是代表能力不足、表达通道狭窄。农民组织在内部治理中普遍缺乏民主机制，代表人选产生程序不透明、责任不明晰，导致其难以真实代表广大农民的多元利益，表达与协商缺乏合法性基础和社会信任支撑。

三是治理嵌入有限、资源动员能力弱。多数农民组织在村级公共事务中处于从属地位，无法参与村级治理议题的形成与决策；由于缺乏稳定资金来源与专业能力支撑，其在公共服务供给、风险管理与社会整合等方面作用微弱，未形成协同治理中的权能基础。

四是组织运行机制脱节于现代治理需求。部分农民组织仍停留在传统“亲缘式”“人情式”运作逻辑中，制度运行缺乏规范性与透明度，难以适应治理现代化对程序正义、角色清晰与结果问责的制度要求。

上述问题构成了农民组织在协同治理结构中“被参与”的常态困境，亟须通过系统性制度设计与结构性能力重构，推动其角色从“治理外围”向“治理中轴”演进。

（三）多元协同治理中农民组织角色重塑的逻辑前提

在协同治理机制日趋制度化、平台化、精细化的背景下，农民组织的角色重塑应以“治理能力嵌入—资源整合能力提升—组织合法性确认”为基础逻辑，构建能够参与议程设置、协商决策、制度执行与绩效监督的“多功能参与型组织”形态。

这一角色重塑要求从以下三个维度实现系统转变。

其一，在功能结构上实现从“服务型组织”向“治理型组织”转型。农民组织不仅要承担农业生产、物资采购、产品销售等经济服务职能，还应主动参与村庄规划、公共资源配置、集体资产管理等公共治理事务，形成经济组织与治理

组织的双重身份融合。

其二，在权力结构上实现从“被动执行者”向“平等协商者”转型。组织应获得明确的制度席位，具备参与村级事务协商与政策反馈的制度通道，并在治理程序中享有提案、质询、表决等具体权利，建立组织权利义务的法律与制度依据。

其三，在制度结构上实现从“非正式网络”向“制度化平台”转型。组织运行应建立完善的章程制度、议事规则、监督机制与责任追溯体系，具备规范化、法治化与可持续运行能力，提高组织对外部资源与政策的响应效率和制度对接能力。

这一系列转型不仅是组织自身进化的要求，更是协同治理逻辑下系统性权力结构优化的内在需求，是实现治理能力协同与治理结构优化的共同过程。

（四）制度化推动农民组织参与协同治理的路径机制

为实现农民组织在多元主体治理体系中的角色升级，应从制度赋权、平台嵌入、能力建设与激励机制等方面协同发力，建立多层级、全链条的参与保障机制。

明确组织法理地位与治理权能配置，推动《中华人民共和国农村集体经济组织法》《中华人民共和国农民专业合作社法》等法律在修订中明确农民组织的公共治理职责范围、治理程序参与权利与治理结果反馈机制，赋予其法定参与治理的资格与程序保障。

嵌入农民组织治理议程形成机制，将农民组织纳入村务决策体系的常设议事单元，参与议题征集、议程设置与方案设计过程，推动形成“村党组织—村委会—农民组织”三位一体的共商共决机制，实现“治理议题共识建构—政策过程协同推动”的制度耦合。

构建组织能力提升的持续支持体系，推动设立“农民组织能力提升专项基金”，用于组织治理培训、法律咨询服务、项目申报辅导与制度体系建设，构建覆盖“组织注册—成员管理—治理参与—责任落实”的全周期服务链条，提升组织运行效能与政策协同能力。

建立组织绩效评估与正向激励机制，将农民组织参与公共事务的程度与质

量纳入村级治理绩效考核体系，通过项目优先、资源倾斜与制度赋能等方式，对积极履责、绩效突出的组织予以激励，推动组织从“要我参与”向“我要参与”转变。

通过上述机制设计，农民组织将不再是治理结构的“附属单元”，而是成为具备独立意志、表达权利、行动能力与治理责任的制度性主体，在多元协同治理中发挥枢纽作用与价值承载功能。

（五）推动组织重构与乡村治理现代化协同演进

农民组织的角色重塑不仅是组织自身发展的结构性转型，更是推动治理体系现代化与乡村全面振兴深度融合的战略通道。在国家推进“数字乡村建设”“乡村治理体系和治理能力现代化”“农业强国”背景下，农民组织已不再仅限于经济服务职能，而是成为制度嵌入的关键力量、文化传承的载体平台与社会结构重塑的制度支点。

未来，应推动农民组织与地方政府、乡村企业、科研机构、社会组织等主体的合作机制常态化，形成“共建机制—共治议题—共享成果”的治理共同体格局，使农民组织在协同治理中真正实现从“参与边缘”向“权责中心”的结构性跃升。

参考文献

[1] 邓燔 . 乡村振兴战略下的乡村规划发展与治理路径研究 [M]. 北京 ：中国原子能出版社，2023.

[2] 何潇 . 乡村振兴战略背景下乡村治理的路径选择和制度建构 [M]. 长春：吉林文史出版社，2021.

[3] 侯新烁 . 数字赋能乡村产业振兴与智慧农业发展 [M]. 湘潭 ：湘潭大学出版社，2022.

[4] 赖玲玲 . 数字经济时代农村电商高质量发展范式 [M]. 北京 ：九州出版社，2024.

[5] 李开明 . 数字乡村的概念产业运营 [M]. 广州 ：华南理工大学出版社，2022.

[6] 吕洁，杨晓娟，桂莉 . 乡村振兴背景下我国农村的教育困境及优化治理 [M]. 石家庄 ：河北人民出版社，2022.

[7] 冉勇 . 基于乡村振兴战略背景下的乡村治理研究 [M]. 长春 ：吉林人民出版社，2021.

[8] 谭鑫 . 乡村治理体系和治理能力现代化研究 [M]. 昆明 ：云南科技出版社，2021.

[9] 王滢涛 . 中国特色乡村治理体系现代化研究 [M]. 上海 ：上海社会科学院出版社，2021.

[10] 吴永明，苏耀学 . 乡村振兴背景下的乡村治理研究 [M]. 长春 ：吉林科学技术出版社，2023.

[11] 谢晓峰 . 乡村振兴与乡村治理 [M]. 长春 ：吉林人民出版社，2023.

[12] 许维勤 . 乡村治理与乡村振兴 [M]. 厦门 ：鹭江出版社，2020.

[13] 尤影 . 乡村振兴背景下农村电商可持续发展研究 [M]. 长春 ：吉林大学出版社，2021.

[14] 袁秀伟 . 赓续与创新 ：乡村振兴的现代治理体系研究 [M]. 长春 ：吉林大学出版社，2022.

[15] 张莉萍 . 乡村振兴战略下的农村发展与综合治理研究 [M]. 长春：吉林文史出版社，2021.

[16] 朱新山 . 中国乡村治理体系现代化 [M]. 上海：上海大学出版社，2024.

[17] 邹小忠 . 乡村振兴之数字农业 [M]. 天津：天津科学技术出版社，2023.